LA ESTELA DEL TIEMPO. IMAGEN E HISTORICIDAD EN EL CINE ESPAÑOL CONTEMPORÁNEO

CRISTINA MOREIRAS-MENOR

La Casa de la Riqueza
Estudios de la Cultura de España
21

El historiador y filósofo griego Posidonio (135-51 a.C.) bautizó la Península Ibérica como «La casa de los dioses de la riqueza», intentando expresar plásticamente la diversidad hispánica, su fecunda y matizada geografía, lo amplio de sus productos, las curiosidades de su historia, la variada conducta de sus sociedades, las peculiaridades de su constitución. Sólo desde esta atención al matiz y al rico catálogo de lo español puede, todavía hoy, entenderse una vida cuya creatividad y cuyas prácticas apenas puede abordar la tradicional clasificación de saberes y disciplinas. Si el postestructuralismo y la deconstrucción cuestionaron la parcialidad de sus enfoques, son los estudios culturales los que quisieron subsanarla, generando espacios de mediación y contribuyendo a consolidar un campo interdisciplinario dentro del cual superar las dicotomías clásicas, mientras se difunden discursos críticos con distintas y más oportunas oposiciones: hegemonía frente a subalternidad; lo global frente a lo local; lo autóctono frente a lo migrante. Desde esta perspectiva podrán someterse a mejor análisis los complejos procesos culturales que derivan de los desafíos impuestos por la globalización y los movimientos de migración que se han dado en todos los órdenes a finales del siglo XX y principios del XXI. La colección «La Casa de la Riqueza. Estudios de la Cultura de España» se inscribe en el debate actual en curso para contribuir a la apertura de nuevos espacios críticos en España a través de la publicación de trabajos que den cuenta de los diversos lugares teóricos y geopolíticos desde los cuales se piensa el pasado y el presente español.

LA ESTELA DEL TIEMPO. IMAGEN E HISTORICIDAD EN EL CINE ESPAÑOL CONTEMPORÁNEO

Cristina Moreiras-Menor

La Casa de la Riqueza
Estudios de la Cultura de España, 21

Iberoamericana · Vervuert · 2011

Amor de Dios, 1 – E-28014 Madrid
Tel.: +34 91 429 35 22
Fax: +34 91 429 53 97
info@ibero-americana.net
www.ibero-americana.net

Elisabethenstr. 3-9 - D-60594 Frankfurt am Main
Tel.: +49 69 597 46 17
Fax: +49 69 597 87 43
info@ibero-americana.net
www.ibero-americana.net

Iberoamericana Vervuert Publishing Corp., 2011
9040 Bay Hill Blvd.
Orlando, FL 32819
USA
Tel.: (407) 217 5584
Fax: (407) 217 5059

ISBN 978-84-8489-536-7 (Iberoamericana)
ISBN 978-3-86527-572-1 (Vervuert)

Depósito legal: BI-771-2011

Diseño de cubierta: Carlos Zamora
Diseño de interiores: Carlos del Castillo
Imagen de cubierta: fotograma de la película *El cielo gira,* Álvarez, Mercedes, España. Alokatu. Agradecemos a la productora Alokatu S.L. el permiso para su reproducción.

The paper on which this book is printed meets the requirements of ISO 9706

Este libro está impreso íntegramente en papel ecológico sin cloro

Impreso en España

Índice

AGRADECIMIENTOS 9

INTRODUCCIÓN.
Temporalidades irresueltas: visualizando el tiempo,
historizando el presente 11

CAPÍTULO 1.
La razón temporal: *El discreto encanto de la burguesía*,
El fantasma de la libertad, *Ese oscuro objeto del deseo* de Luis Buñuel ... 19

CAPÍTULO 2.
Historia(s) del presente: *Los santos inocentes* de Miguel Delibes
y Mario Camus 63

CAPÍTULO 3.
Historia(s) de la Transición: *El desencanto* de Jaime Chávarri
y *Después de tantos años* de Ricardo Franco 109

CAPÍTULO 4.
Historia(s) de espectros: *La comunidad* de Álex de la Iglesia 149

CAPÍTULO 5.
La des-aparición del tiempo: *El cielo gira* de Mercedes Álvarez 173

OBRAS CITADAS 199

A Gareth, mi compañero
A Carlos y Elena, nuestros hijos

Agradecimientos

Este libro le debe mucho a conversaciones sostenidas, a veces intensas, con aquellos estudiantes graduados del departamento de Romance Languages and Literatures de la Universidad de Michigan que compartieron conmigo el seminario sobre cine español contemporáneo. Tales conversaciones están presentes en mis análisis sobre el cine, en mis comentarios sobre la sociedad española del momento y en el impulso político y teórico de mis reflexiones. Estos estudiantes son: Daniel Arroyo, Aaron Boalik, Diógenes Costa, Javier Entrambasaguas, Maxime Foerster, Christian Kroll, Mónica López, Manel Modesto, Mara Pastor, Federico Pous, Rachel TenHaaf y Marcelino Viera. Agradezco su extraordinario compromiso y generosidad intelectual durante todo un semestre de investigación conjunta. No puedo dejar de mencionar a un amigo muy especial, Luis Martín-Cabrera, interlocutor inteligente, desafiante y, sobre todo, siempre presente con su razón y su afecto. Con él he compartido muchas conversaciones sobre estos temas. Otros estudiantes del departamento que ahora ya son profesores en universidades americanas, pero que en su tiempo en Michigan escucharon con paciencia mis obsesiones sobre este libro y contribuyeron a él con su inteligencia y buen quehacer: Patricia Keller, Eduardo Matos-Martín, Roberto Robles, Megan Saltzman, Jon Snyder y Raquel Vega. Gracias a todos ellos: sin su estímulo intelectual la vida académica sería mucho menos interesante.

A mis colegas de Romance Languages and Literatures les estoy enormemente agradecida por contribuir, con su colegialidad y su amistad, a hacer la vida en Ann Arbor y en el departamento estimulante y hospitalaria.

Este libro no hubiera sido posible sin el amor de mi familia. A Gareth, Carlos y Elena, a quien les debo todo. A mis hermanos y hermanas, que están siempre ahí.

Y al recuerdo de mis padres y de mi hermano Moncho, a quienes echo de menos todos los días.

INTRODUCCIÓN

Temporalidades irresueltas: visualizando el tiempo, historizando el presente

> Ours is a present that is hurtled into the future without regard for human attachments, needs, or capacities. A present that dishonors the past by erasing it with unprecedented speed and indifference. A present that equates the recent past with the anachronistic, with insufficient techne to survive. A present in which a knowledgeable politician is a policy wonk rather than a reader of political histories. A present whose inevitable and rapid eclipse is uppermost in the political consciousness of its inhabitants. How can such a present be loved — and if it cannot be, what are our investments in addressing its ills?
>
> WENDY BROWN (2001: 142)

I

Cuando hablamos de tiempo histórico, ¿a qué nos referimos? Cuando hablamos de historia, historicidad, ¿estamos hablando exclusivamente del pasado? ¿O podemos, debemos, incluir en esa referencia otras temporalidades? ¿De qué manera se hace cargo la cultura del tiempo histórico? ¿Cómo lo representa, cómo se narra? Más aún, ¿cómo representa la cultura la historicidad de un acontecimiento? ¿Cómo un acontecimiento específico deviene histórico? ¿En qué momento? ¿Es el tiempo lineal y cronológico lo que preocupa cuando el historiador o el crítico cultural reflexionan sobre la historicidad o la temporalidad histórica? Éstas y algunas otras preguntas similares dirigen la reflexión que se plantea en este libro a partir del análisis de cinco directores de cine español, todos ellos altamente representativos de la escena cultural española de las últimas décadas.

Sin embargo, éste no es un libro de historia, o un libro sobre cine histórico; tampoco se basa en una preocupación *histórica* por la historia reciente de España. Se trata, por el contrario, de un libro sobre cine y de la manera en que éste se hace cargo de la convergencia de múltiples temporalidades en un tiempo particular: el tiempo de la narración y de la imagen de tal modo que el tiempo histórico clásico deviene desordenado, no-lineal y sin posibilidad de medición. En este cine, con estos directores, veremos que el pasado se desmitifica como *el* tiempo de la historia para dar paso al presente y al futuro como momentos intrínsecamente históricos en su relación mutua. Directores como Luis Buñuel, Mario Camus, Jaime Chávarri, Ricardo Franco, Álex de la Iglesia y Mercedes Álvarez ofrecen en sus films una reflexión crítica y altamente política respecto a la temporalidad, privilegiando en ella el presente como el momento histórico por excelencia. Un presente, sin embargo, absolutamente contaminado, siempre de forma hospitalaria, con la íntima presencia del pasado y el futuro. Pasado y futuro devienen, como veremos, parte de una *historia del presente* en la medida en que es en este momento en el que se reconocen, siguiendo a Walter Benjamin, «constelaciones de despertar». Es decir, en el presente se produce «el despertar de un conocimiento todavía no-consciente de lo que ha sido» y así la mitología deja de ser tal y se convierte en «espacio de la historia» (Benjamin 1999: N1, 10; 458).[1] Un pasado congelado y partido, objeto distante

1. En este estudio tendrá enorme importancia el trabajo de Walter Benjamin, sobre todo el que concierne a su filosofía de la historia. Haré constantes referencias al libro *The Arcade Project,* fundamentalmente a la sección titulada «On

de conocimiento, se transforma, en estos directores, en una experiencia del presente, momento del reconocimiento histórico y, de esta forma, ellos producen en sus narrativas y por sus imágenes una política cultural de la memoria en la que se pone en cuestión la idea de historiografía, de progreso y de cronología como los marcadores de la historicidad.

La estela del tiempo propone, entonces, una reflexión sobre la representación del tiempo y la historicidad desde presupuestos *otros* a los historiográficos en el cine español contemporáneo, escogiendo para ello una variedad de cineastas que realizan sus películas a partir del final de la dictadura. El libro presenta una extensa reflexión con detallados análisis fílmicos de los siguientes directores y films: de Luis Buñuel, *El discreto encanto de la burguesía*, *El fantasma de la libertad* y *Ese oscuro objeto del deseo*; de Jaime Chávarri, *El desencanto*; de Ricardo Franco, *Después de tantos años*; de Mario Camus, *Los santos inocentes*;[2] de Álex de la Iglesia, *La comunidad*; y, finalmente, de Mercedes Álvarez, *El cielo gira*. Como se ve, la selección es en alguna medida arbitraria pero abarca un largo periodo, desde 1974 hasta 2005.[3]

II

Basándome en estos presupuestos críticos y en el análisis de estos films, me propongo cuestionar la razón temporal que guía la historiografía,

---

the Theory of Knowledge, Theory of Progress» y a sus «Theses on the Philosophy of History».

2. Este capítulo también trabajará significativamente la novela homónima de Miguel Delibes, sobre la que se basa la película.
3. Obviamente podría haber escogido otras muchas películas de tanta relevancia o tan buenas como éstas. En este libro podrían estar incluidos Alejandro Amenábar, José Luis Guerín, Manuel Gutiérrez Aragón, Isaki Lacuesta, Carlos Saura, Iván Zulueta, y muchos otros. Sin embargo, el interés primordial del libro era producir análisis extensos de un número asequible de films representativos de su momento que no quieren ser, necesariamente, modelos de un 'modo de hacer', pero sí de cierta preocupación común a la escena cultural de la posdictadura y la democracia. Elegí a estos autores porque, además de su gran valor como cineastas, sus films me inspiraban este tipo específico de reflexión sobre el tiempo.

aquélla que establece como su objeto de estudio el pasado desde parámetros de objetividad, distancia y neutralidad para mostrar en *La estela del tiempo* cómo el cine se hace cargo del índice de la historia, del registro de los eventos sociales y de la idea de modernidad y progreso desde una posición más dinámica y amplia, así como también más política, en la que el pasado funciona como uno más entre varios vértices por los que la memoria histórica y la memoria cultural adquieren significación y, sobre todo, por los que convierten el presente y el futuro en los momentos fundamentalmente también históricos. Es decir, una de las intenciones del libro es hacer emerger y poner en evidencia en las narrativas fílmicas el presente como *el* momento de la experiencia histórica para así devolverle al pasado su valencia afectiva y su carga de un momento que pertenece a la *experiencia presente* personal y colectiva (de modo que el pasado se constituya como parte esencial del presente). De esta manera, el análisis de estas narrativas y de sus estrategias mostrarán que el así llamado tiempo histórico se abre a una multiplicidad de temporalidades que buscan darle centralidad al presente como la instancia que contiene la marca o el índice sobre la que interpretar lo ya acontecido, sin desplazar por ello el protagonismo del pasado como temporalidad también histórica. En otras palabras, lo que interesa a esta noción de temporalidad múltiple sobre la que se construye la reflexión del libro es la propia narrativa —su momento, sus estrategias, sus quiebras— como instancia en la/por la que surge una reflexión sobre la relación entre la cronología (el paso del tiempo) y una experiencia de la temporalidad que se abre a una simultaneidad en la que *el acontecer* se percibe como, en términos derrideanos, no-contemporáneo a sí.[4]

El libro está cimentado en ciertas nociones teóricas que me permiten pensar la representación y el registro del tiempo en el cine, tales

4. El concepto de no-contemporaneidad a sí será importante para nuestra reflexión. Es el concepto que Derrida desarrolla en sus *Espectros de Marx* y a partir del cual elabora su famoso «time out of joint» (tiempo dislocado) y hace una crítica política de las corrientes filosóficas y teóricas europeas después de la caída del muro de Berlín. Trabaja en este libro la noción de herencia y de la herencia de Marx en una Europa poscomunista. Utilizo la edición en inglés de 1994, publicada por Routledge. A veces lo citaré en español y entonces las traducciones serán mías.

como no-contemporaneidad a sí (pluralidad temporal simultánea), imagen dialéctica, espectralidad y regionalismo crítico, así como en un análisis del relato fílmico que privilegia la relación entre la forma cinemática (la imagen y su composición) y el contenido (la narrativa) con la intención última de intervenir en dos frentes de debate: por un lado, en las conversaciones contemporáneas en torno a la memoria cultural y en como ésta es (o debe ser) preservada u olvidada; por el otro, en las reflexiones sobre las políticas temporales que guían nuestras narrativas históricas y, por ende, la caída en la a-historicidad de (ciertos) eventos, es decir, su expulsión de la memoria histórica.[5]

Aunque el libro no trabaja primordialmente con el pasado histórico específico —ya que mi reflexión parte de la crítica cultural y de la representación, y no de la historiografía—, sí me interesa destacar las relaciones entre los diferentes momentos históricos en los que la historia ha dividido la España del siglo XX (dictadura, Transición y democracia, por ejemplo) y la manera en que un cierto número de realizadores españoles registran tales momentos en sus narrativas fílmicas. Ello muestra una vez más que para el presente todavía es de fundamental importancia la relación entre las épocas y los tiempos históricos, y que esta importancia interviene de forma significativa en las políticas culturales del país y en la forma en que el Estado y la sociedad civil 'recuerda' sus acontecimientos.

Entre las nociones teóricas que se encontrarán a lo largo del presente libro, y en la base de los análisis fílmicos, destacan las siguientes: siguiendo a Jacques Derrida, trabajo la idea de momento espectral, entendido como el «momento que ya no pertenece al tiempo», y la de promesa, es decir, una llamada que pertenece a un momento siempre por-venir. Walter Benjamin me proporciona el marco para pensar la

5. La idea que dirige esta reflexión sería, por tanto, aquélla que establece una clara diferencia entre los que llamamos memoria histórica y memoria cultural: la primera sería la que convierte un acontecer determinado en archivo, en evento digno de ser recordado oficialmente; y, la segunda, la que se articula de forma natural y espontánea en la esfera social y que, en muchas ocasiones, se narra en la literatura, el cine, la fotografía, el arte, etc.

idea de una historia *otra*, a partir de los conceptos de ruina, imagen dialéctica y tiempo en suspenso. Andreas Huyseen me permite diferenciar y conceptualizar la cuestión de la memoria cultural. Tanto el psicoanálisis como los críticos de cine psicoanalíticos me proporcionan términos tan productivos como el de sutura (Stephen Heath) y anamorfosis (Lacan). Kenneth Frampton me regala el concepto de regionalismo crítico que me permite temporalizar un relato aparentemente del presente. Además de estos autores, las reflexiones de Jacques Rancière sobre la imagen cinematográfica y las políticas estéticas, así como el trabajo de Eduardo Cadava sobre Benjamin y Wendy Brown sobre políticas de la historia, me servirán para enfatizar la necesidad de trabajar el tiempo políticamente. En resumen, *La estela del tiempo* tiene como objetivo primordial abrir el pensamiento de estos autores a una reflexión sobre la representación del tiempo en el cine español para así trabajar la idea de no-contemporaneidad a sí (temporalidad espectral y temporalidad múltiple por excelencia) como *la* condición de posibilidad para una política de la memoria realmente política o, lo que es lo mismo, basada en una historia *otra* que consignará lo que ha quedado fuera del relato histórico mientras se muestra cargada de significación tanto histórica como filosófica. La razón ética que subyace a esta reflexión apuntaría a dos objetivos o deseos, manifiestos ya en el pensamiento de Benjamin y Derrida: por un lado, producir un pensamiento que abarque tanto a los muertos como a los vivos; y, por el otro, hacer que tal pensamiento sea fundamentalmente hospitalario hacia el legado que las generaciones anteriores han dejado en forma de herencia.

Buñuel, Chávarri, Franco, Camus, de la Iglesia y Álvarez proponen, desde diferentes relatos y desde diferentes estrategias narrativas y fílmicas, las figuras de fantasma, ruina, residuo, traza o estela, como aquéllas que interpelan simultáneamente tanto al pasado como al presente y al futuro para conjurar, en y por esa simultaneidad, la historia y así exorcizar («declarar la muerte para darla», en términos derrideanos) los espectros de una historial nacional construida sobre unas políticas temporales fuertemente ancladas en la idea moderna de progreso. El de estos directores es un pensamiento sobre la temporalidad que se produce en films no necesariamente históricos o que piensan abiertamente la vida histórica del país.

III

La estela del tiempo: imagen e historicidad en el cine español contemporáneo se organiza en cinco capítulos, cada uno de ellos dedicado a uno o dos directores, o a un director y a un escritor. A partir de ellos no se propone, ni mucho menos, abarcar la filmografía española contemporánea ni de describir el estado del campo o la producción cinematográfica contemporánea (ya hay excelentes libros y compilaciones que hacen este trabajo), ni tampoco de proponer afirmaciones generales sobre el estado del cine en España desde la muerte del dictador.[6] Se trata más bien de intentar ofrecer una reflexión específica y puntual sobre *el tiempo* como marca de historicidad, de hacer emerger, desde la lectura detallada de las películas, una política temporal que cuestione las premisas básicas sobre las que se cimienta la idea de historiografía, de transformar el momento contemporáneo en parte intrínseca de la historia —como el momento de la memoria y su narrativización—, de mostrar cómo la cultura, y específicamente el cine, registra y representa el tiempo y, finalmente, cómo se temporaliza e historiza incluso aquella narración que no tiene como su pretensión narrar la historia o algún suceso histórico. Para ello, la reflexión crítica se articulará sobre el minucioso análisis crítico de un pequeño grupo de excelentes films contemporáneos y sobre la manera en las que (y las razones por las que) el cine registra una temporalidad abierta a la ambigüedad y a la *no* certeza, en contrapunto (y, a veces, en

6. Es impensable enumerar todos y cada uno de los excelentes libros que hay sobre cine, particularmente, sobre cine español contemporáneo, muchos de los cuales no forman parte, por razones de espacio o de tema, de la bibliografía citada en este estudio. Recomiendo la página web del Programa del Amo, donde se encontrarán extensas fuentes bibliográficas (<http://www.ucm.es/info/multidoc/amoproyecto/>). Asimismo, me gustaría dejar consignado aquí algunos de los nombres de críticos de cine que, incluso cuando no están citados, han contribuido a mi conocimiento sobre el cine español o a algunas de las reflexiones que propongo: Marvin D'Lugo, Roman Gubern, Marsha Kinder, Susan Martin-Márquez, José Enrique Monterde, Julio Pérez Perucha, Vicente Sánchez Biosca y Juan Ramon Resina.

abierta contradicción) a aquélla que viene dada en el discurso historiográfico. Es en este sentido un intento de hacer dialogar de forma significativa y seria tres disciplinas interesadas fundamentalmente en (la representación de) el pasado como objeto de reflexión: la historia, el cine y la teoría cultural.

Mi esperanza es que *La estela del tiempo* contribuya de manera significativa a los estudios culturales peninsulares y ofrezca una herramienta útil para aquellos interesados en reflexionar críticamente sobre los procesos por los que pasa la constitución de los saberes y las discursividades históricas, y sobre cómo éstos llegan a la representación cultural.

1.

La razón temporal: *El discreto encanto de la burguesía, El fantasma de la libertad, Ese oscuro objeto del deseo* de Luis Buñuel

> El pensamiento que todavía me guía hoy, a los setenta y cinco años, es el mismo que me guiaba a los veintisiete. Es una idea de Engels: el artista describe relaciones sociales auténticas con el objetivo de destruir las ideas convencionales sobre esas relaciones, para colocar el optimismo del mundo burgués en una crisis y para forzar a la audiencia a dudar de la perennidad del orden establecido.
>
> BUÑUEL (citado en Sánchez Vidal 1982: 63)

Los críticos y estudiosos del cine de Buñuel han afirmado en numerosas ocasiones la calidad de tríptico que se encuentra en los films *La Vía Láctea* (1969), *El discreto encanto de la burguesía* (1972) y *El fantasma de la libertad* (1974), en el que el cineasta «recapitulates a good part of his career, returning to a surrealism that is now very different from the militant frenzy of his early work» (Sánchez Vidal 1999: 62).[1] Sin querer poner en duda esta afirmación, me gustaría proponer otra trilogía, la formada esta vez por *El discreto encanto de la burguesía*, *El fantasma de la libertad* y su última película, *Ese oscuro objeto del deseo* (1977) que, además de compartir ese retorno a un surrealismo de tono más suave y gentil que el de los años tempranos (ibíd.), comparten estructuras narrativas similares donde las historias relatadas encuentran en el *Leitmotiv* del desplazamiento (el trayecto de los personajes, la transformación de las historias y el relato en el tren de una historia aparentemente terminada) una significación que liga el deseo estético de la película a una intención política. Desde ahí, estas tres películas encuentran un sentido de comunidad (de ser parte de un mismo relato) en la articulación de una poderosa mirada crítica a la realidad social a partir de la cual se cuestionan los valores que guían y gobiernan la historia de la modernidad occidental que lleva de la mano la burguesía. Desde esta perspectiva, podríamos aventurar que, si bien cada una de ellas funciona como narrativa autónoma, el unirlas bajo una misma constelación crítica llevaría a establecer una línea de continuidad desde la cual entresacar la especificidad de esa crítica.[2]

1. Comparten esta idea algunos otros críticos entre los que destacarían Víctor Fuentes y Marsha Kinder. Así mismo, y de forma retrospectiva, el propio Buñuel afirmará el carácter de tríptico medieval de estos tres films (1982: 242).
2. En unos de sus varios estudios sobre la cinematografía de Buñuel, Sánchez Vidal afirma que en realidad la última película «rompe la perfecta trilogía precedente, y hay que creer a Buñuel cuando dice que sólo la insistencia de Silberman le habría conducido a ofrecer su versión de una obra llevada ya cuatro veces a la pantalla» (1991: 305). La obra a la que se refieren es, claro está, *La mujer y el pelele* de Pierre Louÿs. Sin discutir la validez de la afirmación de Sánchez Vidal, considero que *Ese oscuro objeto del deseo* formaliza, en su calidad de última película del director, una relación temática y reflexiva con sus dos antecedentes, como intentaré mostrar más adelante, sin por ello destruir la relación entre esas dos películas y *La Vía Láctea*. De hecho estaría en desacuerdo con la afirmación de este crítico cuando dice rotundamente que «[...] *El fantasma de la libertad* cierra el citado tríptico de películas en el que se exploran tres temas difíciles de deslindar: el azar, el misterio y la libertad. Quizá por eso alcanza el valor de una entrega testamentaria a la que Buñuel lograría acceder persiguiendo una estructura narrativa cada

Clase media, su tiempo, y la historia de ese tiempo. En *El discreto encanto* este tema se constituye a partir de la puesta en escena de las vicisitudes por las que pasan seis miembros de la alta burguesía francesa mientras intentan satisfacer uno de sus deseos más acuciantes: la ingesta de buena comida. En *El fantasma* viene de la mano de una serie de viñetas narrativas, más o menos relacionadas entre ellas, en las que se observan diferentes situaciones sociales e históricas casi todas ellas relacionadas directamente con esa clase media (a la que se une, como es habitual en Buñuel, la Iglesia y los poderes ejecutivos del Estado). Finalmente, *Ese oscuro objeto* se centra en la historia de un miembro de la alta burguesía y su vehemente deseo hacia una muchacha que, en el momento de conocerla, era su sirvienta. En la intersección de estos tres films, que viene dada como demostraré por el uso de una técnica de desplazamiento, encontramos una narrativa plenamente constituida sobre lo que querría denominar la historicidad de la estética o, en otras palabras, la manera en que la estética buñuelana deviene política de la temporalidad y, en consecuencia, reflexión sobre la razón histórica.

Teniendo esto en cuenta, ¿cómo podríamos aproximarnos a una noción de historicidad y a un sentido de temporalidad en los últimos films de Luis Buñuel, donde hay, después de todo, una importante tendencia a usar la repetición (temática, estructural) como motivo de y para sus historias? Quizás la figura del fantasma y la presencia (más o menos marginal) de la violencia terrorista, elementos recurrentes en los tres films, aporten un clave de entrada al pensamiento crítico-político del último Buñuel. El fantasma se materializa de diversas maneras y según diferentes estrategias: como *personaje*, en su acto de aparición, como ocurre en el caso de *El discreto encanto de la burguesía*, donde los sueños de varios personajes se pueblan de resucitados que buscan un ajuste de cuentas o son objeto de venganza una vez muertos;

vez más laxa y libre, a través de La *Vía Láctea* y *El discreto encanto de la burguesía.* Su última película, *Ese oscuro objeto del deseo,* rompe esa unidad y supone un apéndice poco deseado que nada añade a su trayectoria como creador» (ibíd.: 303) Véanse también, del mismo autor, *Luis Buñuel, obra cinematográfica* y *El mundo de Luis Buñuel.*

como *deseo*, a través del efecto producido por el juego de duplicidades, espejismos y repeticiones en *Ese oscuro objeto del deseo*, mediante su realización en esa duplicidad del personaje femenino que es una y dos simultáneamente, o en esa permanente insatisfacción que registra, inevitablemente, el tiempo de la promesa, siempre diferido, siempre en una temporalidad más allá; o, finalmente, en forma de *homenaje* a una tradición de pensamiento político y filosófico en el caso de *El fantasma de la libertad*, donde ya el título nos anticipa una de las posibles narrativas en su alusión directa a la famosa sentencia de Marx, «Un espectro recorre Europa».[3]

Por otro lado, y en segundo lugar, la presencia de la violencia terrorista en los tres films como fondo, a manera de naturaleza espectral que se siente, se huele, se anticipa, que acompaña acciones y movimientos, pero desde un afuera narrativo al que apunta (sin que nunca sea tematizado ni que, en consecuencia, llegue a formar parte de la estructura narrativa) y en el que permanece, y al que se integra como indicio (su sonido, su traza, su censura) pero nunca como presencia total. La presencia de la violencia recorre los films de Buñuel con insidia. Víctor Fuentes lo afirmó muy contundentemente y resume su aparición de forma esclarecedora:

> Otro sentimiento-pensamiento que enlaza a sus cuatro últimas películas es el del horror a la violencia, tan generalizada en nuestra época. *El fantasma de la libertad* se abre con el fogonazo del cuadro «Los fusilamientos de la Moncloa», quizás la más sobrecogedora expresión artística de todos los tiempos de los «horrores de la guerra». En *La Vía Láctea* aparece un cuadro dantesco de un pueblo asolado por la destrucción, «después de la batalla»; en *El discreto encanto* [...] y en *Ese oscuro objeto del deseo* la violencia de la represión y del terrorismo aparece en el tejido de la vida cotidiana, desgarrándola (1989: 172; énfasis original).

Fantasmas y violencia (entidad y acción), entonces, serían los dos elementos que aportan marca de historicidad (en la medida en que su

---

3. El propio director lo confiesa así en sus memorias *Mi último suspiro* (1982: 242).

referente es la temporalidad histórica y el presente social respectivamente) a estos tres films y, al mismo tiempo, que los unen en una relación más allá de la temática. Son ellos los que transportan a los espectadores a temporalidades e historicidades múltiples —en estado de simultaneidad cuya convergencia se produce en la narrativa fílmica— y a un 'afuera' de la realidad (el inconsciente o real inscripto en las trazas de lo reprimido y que emerge en las narrativas a modo de indicio, de traza, al igual que el fantasma). Esta multiplicidad de temporalidades conviviendo simultáneamente (el tiempo 'out of joint' derrideano) y este inconsciente dan entrada a una forma temporal, la que constituye el relato de las historias, cuya condición esencial es la de la espectralidad, es decir, un tiempo que es, por su misma naturaleza, no-contemporáneo a sí, puesto que, en palabras de Derrida, es una «no contemporaneidad a sí del presente vivo» (1994: xix).[4]

Es la apertura de esa no-contemporaneidad a sí del presente vivo que se apunta y se abre por la presencia fantasmal y de la violencia en estos tres films lo que me interesa destacar en mi análisis: una no-contemporaneidad que nos acerca a un Buñuel reflexionando sobre su época y su realidad contemporánea; es decir, sobre sus experiencias con una realidad histórica en manos de una clase social dominante y portadora de los valores universales para cuestionar las certidumbres sobre las que se constituyen las verdades burguesas.[5] Buñuel presenta

4. En su *Espectros de Marx,* Derrida acuña este término para referirse a una temporalidad disyuntiva o desajustada («out of Joint»), capaz de dar entrada a lo residual. Sería una temporalidad entre la vida y la muerte en la que el porvenir llega de antemano y clama por una política de la memoria.
5. Laura Martins afirma que Buñuel mantiene, a lo largo de su carrera como realizador, «una decidida voluntad en desvirtuar el juicio burgués de ciencia como lo *racional-productivo* y de arte como lo *irracional-suntuario*» (1999: 190). Yo añadiría que esta voluntad se amplía en su sistemática mirada crítica y deconstructiva de la historia como la verdad del acontecimiento y de los modos narrativos realistas como la representación de una temporalidad finita e inequívoca. Quizás no sería muy aventurado afirmar que las narrativas de Buñuel, en cuanto críticas de verdades universales y únicas, lo convierten en uno de los primeros artistas, o, al menos, en uno de los más duraderos y sistemáticos, en hacer de lo residual el elemento que viene a perturbar la esencial certidumbre sobre la

esta realidad a través de una mirada directa y crítica a las convenciones sociales, a la ideología que dicta comportamientos individuales y colectivos, a las relaciones entre sociedad y Estado, y a la permanente presencia de la violencia y la muerte en la vida cotidiana. O sea, me interesa el fantasma (así como la violencia) en Buñuel, en tanto que su no-presencia es *eso* que desajusta el tiempo y *aquello* que da entrada a *ese* «momento que ya no pertenece al tiempo» (Derrida 1994: 14; mi traducción), porque distorsiona —desajusta— el tiempo del presente y, por tanto, el tiempo histórico. La lógica temporal de *El discreto encanto de la burguesía*, *El fantasma de la libertad* y *Ese oscuro objeto del deseo* trabaja con un lenguaje/imagen capaz de dar vida a ese momento temporal perturbador y desajustado. Y lo hace a través de la utilización de estrategias discursivas o técnicas narrativas (sueños, recuerdos, *flash-backs*, interrupciones narrativas, escenas o imágenes incongruentes, etc.) que consiguen imprimir la duda y dar paso a la incertidumbre en la mirada espectadora sobre la veracidad de la realidad y, en especial, sobre la temporalidad en la que ésta se localiza y asienta. Todo ello no con la intención de imponer otro orden temporal o una verdad temporal *otra*, sino tal vez con la idea de, «sin otorgar respuestas correctas» —como afirma Laura Martins—, «formular problemas en virtud de impedir una "imagen" dogmática del pensamiento» (1999: 193) y así, para desestabilizar la verdad del tiempo lineal sobre la que se construye la 'historia temporal' de la realidad.

Los 'fantasmas' más sobresalientes (es decir, más visibles) que recorren las últimas películas de Buñuel son, sin duda, Marx, Freud, Lacan y el grupo de surrealistas que se apilan en sus escenas no sólo a modo de homenaje (Buñuel era, después de todo un hombre de su época, como bien señaló Víctor Fuentes en su excelente libro *La mirada de Buñuel*), sino también haciendo del psicoanálisis, del marxismo y del surrealismo parte intrínseca de su reflexión sobre la realidad, el

que se erige la conciencia burguesa. Además del artículo citado, remito a los artículos de la misma autora, «Un cine en contra de la opresión y las microcristalizaciones fascistas y a favor de la imagen desbordada» y «Luis Buñuel, or Ways of Disturbing Spectatorship» (2004).

tiempo y la historia.[6] Ya Linda Williams en *Figures of Desire* analizó la manera en que estas tres miradas al mundo (marxismo, psicoanálisis y surrealismo) organizan la discursividad y narratividad fílmica buñueliana, poniendo en escena —a través de los sueños, de figuras lingüísticas recurrentes (la metáfora y la metonimia sobre todo), de imágenes radicalmente surrealistas o convencionalmente realistas, así como a través de incongruencias en las historias, de saltos temporales y espaciales sin transiciones, o de la convivencia natural entre muertos y vivos, y entre realidades oníricas y objetivas— una realidad alternativa *otra* que básicamente contendría una mirada política de Buñuel a la sociedad, a sus instituciones y sus sujetos. Aceptando esta idea, podría llegar a afirmarse que la realidad representada en los tres films de Buñuel no es otra que aquélla que conforma, en realidad, el tejido del inconsciente, como afirma Víctor Fuentes y demuestra al analizar los elementos que permiten hablar de los film como espacios del inconsciente (el otro espacio sería según el crítico, el de la comedia de enredo): «[...] Mientras que en las escenas donde el relato se abre a las profundidades abismales, se establece, tanto en la pantalla como en la sala, una profunda tensión: ya que la vista y la conciencia tropiezan con el sentido enigmático del inconsciente» (1989: 164).[7]

Desde la convicción, entonces, de que los tres últimos films de Luis Buñuel pueden organizarse como un tríptico (donde cada parte contendría sólo una significación parcial), mi deseo es trazar una línea narrativa entre las tres para, desde ella, asignar un cierto sentido de

---

6. Véase el capítulo nueve de *La mirada de Buñuel* (2005), donde Fuentes traza las influencias del marxismo y el psicoanálisis, así como su ambivalencia ante este último, a lo largo de la vida y la producción de Buñuel. También la introducción de Peter Evans a su libro *The Films of Luis Buñuel: Subjectivity and Desire* (1995) traza una excelente relación entre el realizador aragonés y las teorías de Freud sobre el deseo y el inconsciente.

7. Recomiendo, además, el primer capítulo de *Figures of Desire* para una introducción de la manera en que los surrealistas utilizan el psicoanálisis —y su concepto del inconsciente— en sus producciones, particularmente Buñuel. En capítulos posteriores, Williams hará una lectura detallada de los dos primeros films del director así como de *El fantasma de la libertad* y de *Ese oscuro objeto del deseo*.

reflexión continuada sobre la realidad contemporánea y, fundamentalmente, para elucidar la política de la temporalidad, es decir, del 'terror de la historia',[8] que el director pone en juego. Tal política de la temporalidad estaría implícitamente enlazada a estos cuatro discursos 'fantasma' que permean los textos a modo de caparazón estético e ideológico desde el que se construyen los mundos ficticios de los films. El marxismo aportaría la idea de que la realidad está dominada por una clase social perversa y corrupta, a su vez dominada por la tiranía de las convenciones; el psicoanálisis le permite estructurar la realidad como el lado visible de otra realidad más profunda, significativa y 'real', la del inconsciente, donde se contendría la verdad fundamental del sujeto (y de este modo los relatos de cada film serían sólo la apariencia de una verdad); y, finalmente, el surrealismo le daría la posibilidad de romper, cuestionar, ironizar y hacer estallar las convenciones del relato para hacerlo funcionar como una caja de Pandora de donde cualquier cosa puede salir.

Así mismo, ayudado por esos cuatro discursos (también técnicas o modelos, según los utilice de un modo u otro), Buñuel ofrece en cada film significaciones parciales, incompletas, que se amplían al enlazar los tres en una misma lectura para producir una mirada totalizadora a la realidad. Me detendré, para establecer esta línea narrativa de continuidad de significación, en ciertos aspectos protagónicos de los tres films que articulan, a poco que nos fijemos, una comunidad indisociable entre ellos. Me refiero, en primer lugar, a la burguesía (clase social que, como sabemos, es en cierta medida *dueña* de la historia de la Modernidad) simbolizada por el grupo de amigos en *El discreto encanto de la burguesía*, presente en la mayoría de las viñetas de *El fantasma de la libertad* y encarnada en el personaje central de *Ese oscu-*

8. Tomo este término de Víctor Fuentes ya que, en mi opinión, representa adecuadamente la relación que Buñuel tiene con la Historia. El crítico afirma muy agudamente: «Dentro de las paradojas que presiden su obra, si en esta cuenta mucho la imaginación histórica, también encontramos en ella una defensa contra 'el terror de la historia' [...] que, como dramatiza en sus últimas películas, nos ha llevado al borde del aniquilamiento» (1989: 179).

ro objeto del deseo. En segundo lugar, a lo que parece ser una tendencia a la imposibilidad de cierre final de las historias o, en otras palabras, un estado de búsqueda permanente e infructuosa, siempre inconclusa, tanto de los personajes como de las historias. Esta tendencia se encuentra sobre todo, de forma explícita en *El fantasma de la libertad*, pero no está en absoluto ausente en las otras dos; por ejemplo, nunca se termina un almuerzo o cena en *El discreto encanto* y el deseo siempre es frustrado en *Ese oscuro objeto*.[9] Finalmente, en tercer lugar, la soledad a la que el sujeto es abocado en la obsesiva persecución de su deseo, siempre inalcanzable. Éste no sólo es el tema central de *Ese oscuro objeto del deseo*, sino también surge con fuerza en las otras dos películas (en la constante interrupción de las cenas en la primera y en la otra como tema de algunas de las historias, por ejemplo, la del sobrino obsesionado por el cuerpo de su tía). Sociedad (burguesía), estructura (abierta, señalando a la ausencia de conclusión y de cierre) y sujeto (de la falta) serían, así pues, los tres motores narrativos unidos por la presencia común del fantasma y la violencia que se despliegan a los márgenes, en forma de no-presencia.

La figura del fantasma encarna una práctica obsesiva a lo largo de toda la producción de Luis Buñuel: la de la repetición —y no olvidemos que el fantasma *es* esencialmente, en su *re*-aparición—. Excelentes trabajos sobre su filmografía ya han mostrado con detallada precisión motivos, temas, escenas y símbolos que aparecen de forma recurrente desde *Un perro andaluz* (1929) hasta *Ese oscuro objeto del deseo*, llevando a pensar que, en realidad, sus películas siempre tratan de lo mismo y que en consecuencia hay una significativa unidad o relación entre todas ellas.[10] Repetición y fantasma remiten sin duda

---

9. De forma interesante en *El fantasma de la libertad* se completa una sola historia: la del poeta asesino quien, desde la terraza de un edificio, ejecuta a gente que se entretiene en las calles de un barrio. Esta historia supone la única vez, en las tres películas, en las que se tematiza o se narrativiza el tema del terrorismo.

10. Para profundizar en este tema pueden consultarse, entre otros, los trabajos de Víctor Fuentes, Agustín Sánchez Vidal, Marsha Kinder, Linda Williams y Peter William Evans (todos incluidos en la bibliografía).

ineludiblemente, por un lado, a la manifestación de una experiencia sobre la temporalidad que pone de relieve un profunda discontinuidad e interrupción y, por otro, a un temblor del sentido histórico que hace percibir el devenir de la realidad (la vida) como pura continuidad, ya que lo que emerge tanto de la presencia del fantasma como de la realización de que algo se repite es la perplejidad de la pregunta «¿de dónde viene esto que ya vino, que ya estuvo?». Porque en la medida en que el tiempo histórico (*el* tiempo de la narrativa histórica) es lineal, marcado por el principio-medio-fin, la traza temporal que se apunta en la presencia del fantasma y en la repetición dirigiendo esa temporalidad pone bajo cuestión la transparencia del tiempo histórico y señala realidades actuales profundamente marcadas por otras potencialmente venidas desde remotos futuros o remotos pasados (¿es una aparición o una re-aparición?, cabría preguntarse). De este modo, el fantasma y la repetición convierten la experiencia del presente en una «no-contemporaneidad a sí del presente vivo» (Derrida 1994), cuyo sentido se escapa, al aparecer truncado, por su falta de sentido. En realidad, el fantasma siempre y necesariamente apunta hacia el tiempo del ahora, es decir, al tiempo *propio* de la aparición, pero simultáneamente hacia un tiempo que habita sin habitar (está pero no está), ahora desajustado, ese tiempo al que Derrida se refiere bajo el término de «time out of joint, un tiempo en el que:

> '*The time is out of joint*', *time* es o el *tiempo* mismo, la temporalidad del tiempo, o es lo que la temporalidad hace posible (el tiempo como *historia*, los tiempos que corren, el tiempo en que vivimos, los días de hoy en día, la época), o es por consiguiente, *el mundo* tal como va, nuestro mundo de hoy en día nuestro hoy, la actualidad misma: allí donde nos va bien (whither), y allí donde no nos va bien, allí donde esto se pudre (*wither*), donde todo marcha bien o no marcha bien, donde todo «va» sin ir como debería en los tiempos que corren. *Time*: es el tiempo, pero es también la historia, y es el mundo (1994: 18).

Tiempo, historia, mundo: el tiempo del fantasma o, mejor, el tiempo que se constituye con la entrada del fantasma es *la* apertura a una historia desajustada, que, en su narrativa, abarca y contiene (en indicios y huellas) una constelación de temporalidades.[11] Desde ellas, los sujetos de la narración, la narración misma, navega sin dirección ni certeza, pero simultáneamente, por pasados remotos, por presentes ominosos y por un por-venir ya anticipado enfatizando, en esa trayectoria en zig-zag, ese tiempo contemporáneo que se disloca por su radical no-contemporaneidad.

Sin duda, una de las mejores representaciones de esta temporalidad del fantasma, de esta no-contemporaneidad a sí de un presente que acumula multiplicidad de temporalidades bajo su presencia simultánea, es la que vemos en esos bizarros interludios de *El discreto encanto de la burguesía*, esas interrupciones abruptas, inesperadas, inciertas y sin sentido lógico, durante las cuales los seis componentes del grupo protagonista —los burgueses— caminan por una carretera sin localización, sin tiempo, sin dirección: un mundo, un presente, una historia sin certezas, sin señas de identidad.

Buñuel parece así preguntarse, a partir de esa estética de la repetición y del fantasma que aparece y reaparece a lo largo de su filmografía, lo que años después plantea Derrida en sus *Espectros de Marx*: «¿Cuál es el tiempo y cuál es la historia de un fantasma? ¿Hay un presente del espectro? ¿Ordena el espectro sus idas y venidas según la sucesión lineal de un antes y un después, entre un presente-pasado, un presente-presente y un presente futuro, entre un "tiempo real" y un "tiempo diferido"?» (1994: 52). Plantearse esta cuestión, como hacen los tres films de Buñuel bajo análisis, obliga a revisar la noción de historia con la que manejamos el orden temporal de la experiencia, ese «tranquilizador orden de los presentes, y sobre todo de la frontera entre el presente, la realidad actual o presente del presente, y todo lo que se le puede oponer: la ausencia, la no-presencia, la inefectividad, la inactualidad, la virtualidad o, incluso, el simulacro en general, etc.» (ibíd.: 53). Y en ese cuestionamiento Buñuel articula una crítica radi-

11. Para una reflexión sobre la historia concebida como 'constelación', véanse los trabajos de Walter Benjamin, sobre todo *The Arcades Project* y «Tesis sobre la filosofía de la historia».

cal del mundo y los discursos que componen la razón histórica de la contemporaneidad.

En este sentido, y desde este planteamiento, las tres últimas películas de Luis Buñuel se abren a una radical historicidad, en particular si les otorgamos una línea de continuidad o si las consideramos como partes de una trilogía.[12] Los tres films, en apariencia tan diferentes entre sí, mantienen, como apunté más arriba, otra presencia común, perturbadora por lo marginal y central a la vez: la violencia. Esta constante culmina significativamente en la última escena de *Ese oscuro objeto del deseo*, cuando estalla una bomba y se cierra la película tras la humareda y oscuridad que ella produce. Por primera vez desde *El discreto encanto* los espectadores asisten a una clausura, a un cierre final del tiempo y de la historia que ninguno de los dos films anteriores había realizado dejando las historias en suspenso. En *El discreto encanto* el fin se producía con los protagonistas caminando sin rumbo por esa carretera sin localizar, mientras que *El fantasma* terminaba con el episodio en el zoológico, donde no se asistía ni a una conclusión del evento ni a un final del film. La violencia terrorista no sólo pone punto final a la historia de Conchita y Mathieu, sino también a toda la filmografía de Buñuel.[13] Este final de cierre materializa con-

---

12. Recordemos otra vez que el propio Buñuel otorgó esta unidad (de trilogía o tríptico) a *La Vía Láctea, El discreto encanto de la burguesía* y *El fantasma de la libertad*, a pesar de ser tres guiones originales (1982: 242). Esta adjudicación de tríptico la hace de forma retrospectiva, en sus memorias, al darse cuenta de que las tres presentan repeticiones en diversos niveles, empezando por la frase «vuestra libertad no es más que un fantasma» que se escucha en *La Vía Láctea* y que retumba en el título *El fantasma de la libertad:* «Los mismos temas, a veces incluso las mismas frases, se encuentran presentes en las mismas películas. Hablan de la búsqueda de la verdad, que es preciso huir en cuanto cree uno haberla encontrado, del implacable ritual social. Hablan de la búsqueda indispensable, de la moral personal, del misterio que es necesario respetar» (ibíd.). Esto mismo ocurre, en mi opinión, en las tres últimas películas, donde las repeticiones, recurrencias, etc. vuelven a producirse y donde podemos ver una línea continua de pensamiento político.

13. De hecho, en un genial cierre sobre sí misma, como comenta Sánchez Vidal en *Luis Buñuel. Obra cinematográfica:* «Buñuel ha hecho notar que ésta es la última escena rodada por él. Con ella su filmografía se cierra sobre sí misma circularmente.

tundentemente esa presencia fantasmal que se halla en las narrativas de los dos films anteriores, la del terrorismo, ya que si bien estaba siempre ahí, en ninguna ocasión produjo narrativa.

En efecto, se podría rescatar la presencia de la violencia terrorista, que, a pesar de no constituirse como una historia en sí misma, tiene efectos determinantes en todas las película, del siguiente modo: en *El discreto encanto* viene de la mano de la presencia de un grupo terrorista persiguiendo a Rafael, el embajador de Miranda, y de la historia del Sargento Sangriento y la tortura a la que somete a un supuesto terrorista; en *El fantasma de la libertad* está en el centro de uno de los relatos, el único que se narra hasta su final, el del poeta asesino y francotirador, que mata desde una ventana a paseantes que escoge el teleobjetivo de su rifle; y finalmente, en *Ese oscuro objeto del deseo* aparece como trasfondo durante todo el film, acompañando al protagonista en sus devaneos por París y Sevilla, hasta que al final su acción se convierte en el desenlace de la historia. Pasemos, así, a un análisis detallado de los tres films.

El discreto encanto de la burguesía o la historia como inconsciente

Repetición e interrupción dirigen la narrativa de este film sobre un grupo de amigos que se reúnen ocasionalmente alrededor de la mesa. De hecho, el *Leitmotiv* de *El discreto encanto* lo relata el director en sus memorias:

> Ya he dicho a propósito de *El ángel exterminador* cuánto me atraen las acciones y las frases que se repiten. Estábamos buscando un pretexto

---

La mujer zurcidora recuerda el cuadro de Vermeer *La encajera,* cuya producción presenta la cámara en *Un perro andaluz* al arrojar la protagonista el libro que está leyendo. Pero, sobre todo, esta secuencia final de su última película remite a la escena inicial de su primer filme, suturando aquel programático seccionamiento del ojo con el que se abría una trayectoria presidida por el deseo y sus penumbras» (1984: 383).

> para una acción repetitiva, cuando Silberman nos contó lo que acababa de ocurrirle. Invitó a varias personas a su casa, un martes por ejemplo, olvidó hablar de ello a su mujer y olvidó que ese mismo martes tenía una cena fuera de casa. Los invitados llegaron hacia las nueve, cargados de flores. Silberman no estaba. Encontraron a su mujer en casa, cenada ya, y disponiéndose a meterse en la cama (Buñuel 1982: 240).

La historia de este grupo de amigos pertenecientes a la alta burguesía comienza, entonces, por un acto fallido: un equívoco les ha llevado al hogar de uno de ellos para cenar juntos un día antes de lo que debería ser.[14] En vista de que la señora Sénéchal no tiene nada preparado, deciden irse a un restaurante cercano, pero la presencia del velatorio del dueño del local frustra la cena. Equívoco y muerte abren, así, un relato que se despliega a partir de la repetición, de la interrupción y de la frustración, ya que el aplazamiento de la cena ocurre una y otra vez a lo largo del film: por un motivo u otro, el grupo de amigos conformado por el señor y la señora Thévenot y Florence, la hermana de ésta, por el matrimonio Sénéchal y por Rafael Acosta, embajador de Miranda (al que pronto se le unirá un miembro de la Iglesia Monseñor Dufour que trabaja como jardinero en la casa de los Sénéchal), no terminará de cenar/almorzar en ninguna ocasión: las cenas/almuerzos quedan una y otra vez diferidos, aplazados, inconclusos.[15] Y aun así, es durante estos momentos, alrededor

14. El libro editado por Marsha Kinder sobre *El discreto encanto de la burguesía* contiene estudios muy interesantes y actuales sobre este film de varios autores y especialistas en Buñuel. Entre sus colaboradores se encuentran, además de la propia Kinder, José Luis Borau, Agustín Sánchez Vidal, Víctor Fuentes, Marvin D'Lugo y Jaime Tobias.

15. De la primera cena y su interrupción ya dimos las razones; la tercera reunión es un almuerzo en casa, otra vez, de Sénéchal y su mujer. Esta vez la interrupción se produce porque los anfitriones se disponen a hacer el amor. Cuando los invitados llegan, se escapan de la casa y los primeros, cansados de esperar, se van. En la siguiente ocasión encontramos a las tres mujeres en una casa de té, donde se ha acabado el té y el café. Regresamos una vez más a casa de Senechal donde, cuando los comensales se disponen a servirse, una compañía militar liderada por un capitán del Ejército irrumpe en el comedor. El capitán les invita a cenar

de la mesa y esperando la comida, cuando las diferentes líneas narrativas del film toman forma. La historia central es obviamente la de este grupo de amigos que se reúne con frecuencia para degustar la alta cocina y ella es propiciadora de las demás, ya que todas surgen, a modo de historias intercaladas, alrededor de la mesa. El relato principal, por tanto, se centra en el grupo de amigos y las relaciones un tanto peculiares que mantienen entre ellos: los hombres se dedican al tráfico de cocaína, que el embajador hace entrar en el país a través de la valija diplomática; éste es acosado por una banda terrorista de su país y es, además, el amante de la señora Thévenot. El final que les depara la historia es, aparentemente, la muerte que se produce mientras cenan en casa de los Sénéchal, a manos de una banda de traficantes o una banda terrorista (no queda claro en el film). Todos mueren excepto Rafael, quien en la última escena despierta angustiado de un sueño, sugiriéndose así la posibilidad de que toda la narrativa no sea más que un sueño del embajador. Pero esta historia principal, la de la discreta burguesía, va dejando espacio a una serie de historias intercaladas —algunas presentadas a modo de sueños o de relatos—. La del Monseñor Dufour, también jardinero en la casa de los Sénéchal, quien matará a un campesino mientras le da la extremaunción cuando se entera, en la confesión del moribundo, de que él fue quien asesinó a sus padres, a quienes acusa de malos tratos, cuando él era un niño. La del soldado que en la casa de té, donde, bizarramente, Florence y las señoras Sénéchal y Thévenot ven frustrado su deseo de tomar té o café, les cuenta cómo el espectro de su madre se le aparece para exigirle que mate al que se hace pasar por su padre como venganza de haber asesinado a su verdadero padre (sueño, por tanto, que

al día siguiente y cuando llegan a la casa la cena no se llega a producir (primero se escenifica como un sueño —donde los alimentos son de plástico y los comensales están en el escenario de un teatro abarrotado de espectadores—). Cuando (creemos) estamos presenciando la 'cena real' —que volverá a ser un sueño— se inicia una disputa entre los invitados y el embajador de Miranda, que acabará matando al capitán. La última cena en casa de Sénéchal (donde Fernando Rey come cordero con las manos y de manera lasciva debajo de la mesa) se interrumpirá por la llegada de los terroristas (también esta cena será un sueño, esta vez del embajador).

demanda el acto parricida al mismo tiempo que descubre la falsedad de la paternidad). La de un militar que interrumpe una de las cenas en casa de los señores Sénéchal, donde también se encuentran un coronel del Ejército y su escuadrón haciendo maniobras militares en las cercanías. Este militar relata un sueño en el que se encuentra con su madre muerta y por la que siente, se insinúa, cierta atracción sexual. Finalmente, la historia del Sargento Sangriento quien, habiendo torturado a un terrorista (o quizás a un estudiante activo en las manifestaciones del 68), se lleva la culpa a la tumba y se reaparece como fantasma cada 14 de junio para redimirse de ella. La realidad de estas historias intercaladas es ambigua, ya que a veces se tornan en lo que parece ser el sueño de algún personaje o incluso un sueño dentro de otro sueño. Incluso la realidad de la historia central, como decía, se pone en duda al cierre del film, cuando Rafael se despierta después de que la banda ejecute al grupo de amigos mientras cenan.

El relato de todas estas historias se hace siempre —y de forma significativa— a partir de dos estrategias. La primera consiste en usar un lenguaje de tono narrativo y conversacional, muy cotidiano. Este lenguaje se ve interrumpido ocasionalmente por sonidos de fondo que impiden sistemáticamente que los espectadores escuchen la totalidad de la conversación. Estos ruidos provienen de distinta procedencia: explosiones, maniobras militares, aviones, tecleo de máquinas de escribir, etc., y siempre se producen en los momentos en que algún personaje está a punto de hacer una revelación de contenido sexual o político, ya sea para desvelar un misterio o el final de un episodio, y siempre dejando en suspenso no sólo el final, sino también la significación de la conversación o la historia.[16] La segunda estrategia sería el uso de imágenes más o menos incongruentes que interrumpen la diégesis narrativa (la cena del grupo de amigos) y traen a escena fantas-

16. De hecho, Marsha Kinder comenta con razón que, en este film, «the spectator is constantly made aware of the implications not only of what is included but also of what is excluded both from the visual and the audio tracks» (1993: 327). También esto podría considerarse como interrupciones que desajustan, incluso impiden, la emergencia del sentido del relato.

mas (los padres del soldado de la casa de té; los padres del militar que llega a casa de los Sénéchal; el policía sangriento) o actividades ominosas, como esas caminatas del grupo de amigos por una carretera rural, sin rumbo fijo.

Las interrupciones y la repetición de escenas/historias similares durante las comidas invaden, por tanto, ese salón burgués donde un grupo de comensales se dispone a disfrutar, sin suerte, de los manjares de la mesa. A través de tales interrupciones y repeticiones siempre extrañamente inquietantes y bizarras, el tiempo narrativo de *El discreto encanto* (el que comenzaría con los créditos, cuando un coche recorre, en una noche oscura y lluviosa, el trayecto que lleva al grupo de amigos a casa de los Sénéchal y que termina cuando Rafael se despierta de su sueño, después de las ejecuciones del grupo) se convierte en un absoluto desorden temporal cuyo efecto inicial es envolver al espectador en una atmósfera de ambigüedad e incertidumbre con respecto tanto a la realidad de la narrativa del film como a lo narrado por los personajes. Sería así como *El discreto encanto de la burguesía*, mediante una estética de lo incierto que des-temporaliza y des-espacializa el relato, se reencuentra una y otra vez con la imagen surrealista (una imagen que no necesariamente tiene sentido o razón lógica) y con una concepción muy particular de la subjetividad, la del Psicoanálisis, para producir una mirada radicalmente crítica sobre la realidad. A partir de esta imagen surrealista (aparentemente ausente de lógica) y de una práctica de la subjetividad basada en un fuerte lazo del sujeto a sus procesos inconscientes, esta película convierte el inconsciente o lo real en el territorio donde la historia desvela su sentido y donde la multiplicidad de temporalidades conviviendo en una realidad no-contemporánea a sí señala hacia la incertidumbre como la guía que dirige el trayecto del sujeto.

El salón burgués, centro espacial de la narración de *El discreto encanto* deviene, así, el lugar tanto del relato como del acto (o de la repetición), el lugar donde se inscribe la razón lógica del relato, pero a la que habrá que acceder, como al inconsciente, a partir de la intervención de la mirada del otro (en este caso, el espectador). En definitiva, el film convierte el salón en escenario del proceso psíquico por el que 'viaja' la burguesía —su inconsciente— a partir de cuyo desvelamiento mediante la interpretación de los actos fallidos, los sueños, los lapsus, etc., quizás emergerá el sentido, pero únicamente en la relación establecida entre el sujeto y el espectador (quien sustituye, obviamente, al psicoanalista).[17]

Harmony H. Wu ha señalado, al analizar cuestiones de género en *El discreto encanto de la burguesía*, que «the simple brilliance of the film is its simultaneous lack of and excess of plot» (1999: 117), ya que, sin ser un film narrativo contiene al mismo tiempo un importante número de mini-historias intercaladas y autónomas, contadas a través de *flash-backs*, sueños, etc., y relacionadas entre sí por una imaginería asociativa (ibíd.: 118). Wu afirma que una de las razones de esta estructura de «playing against/within narrative in *The Discreet Charm* is the suturing of the spectator into these stories, but then deferring any conclusión» (ibíd.). En efecto, resulta difícil extraer conclusiones sobre la significación total o parcial de la historia, o las historias, que se despliegan en el film. Sin embargo, es esta imposibilidad de sacar conclusiones de las narrativas, de interpretar escenas o de otorgar significaciones unívocas a las actividades de los personajes,

---

17. La idea de viaje aparecería de manera metafórica al comienzo de la película, en su apertura, cuando se observa el trayecto en coche que realiza el grupo de amigos durante la noche para llegar a la casa de los Sénéchal, el salón donde todo se representará. Merece la pena recordar que en su trabajo sobre lo inconsciente, Freud lo define como aquella «representación que no percibimos, pero cuya existencia estamos, sin embargo, prontos a afirmar, basándose en indicios y pruebas de otro orden» (1973a: 1697). Es, asimismo, «el sistema que se nos muestra caracterizado por el hecho de ser inconscientes todos y cada uno de los procesos que lo constituyen» (ibíd.: 1701). Por su parte, Lacan, en su revisión de los conceptos fundamentales de Freud, afirma que «el inconsciente se estructura como un lenguaje» (1973: 28), es decir que, acercándose a la lingüística para tomar de ella sus presupuestos, recuerda que «el término inconsciente encierra algo de calificable, accesible y objetivable» (ibíd.); «algo que pertenece al orden de lo *no realizado*» (ibíd.: 30; énfasis en el original). En relación a la idea de que en esta escena el espectador adopta el papel de psicoanalista, me gustaría enfatizar que su papel no sería el de dar una narrativa unívoca, plena de sentido, a lo que se escenifica, sino, más significativamente, proporcionar 'el espacio' adecuado (el que se articula en la pura relación entre film y espectador) para que el sentido emerja.

lo que dirige al espectador a una constante puesta en duda y a un permanente cuestionamiento de las razones lógicas que estructuran y dirigen el film, haciendo imposible la emergencia de *la* historia que se supone está detrás de *El discreto encanto de la burguesía*. ¿Qué podría esto indicar?

Si aceptáramos que la línea narrativa del film no es más que el producto de un sueño, como parece indicar la última escena en la que Rafael despierta hambriento y se acerca a la cocina a comer —última actividad de su sueño y aquélla que, por tanto, enlaza la actividad onírica a la vida diurna—, podríamos aventurar que *El discreto encanto* es, pues, la presentación del inconsciente del sujeto, aquella parte de la subjetividad donde habitan los deseos y que se desvela únicamente a partir de la interpretación de síntomas, actos fallidos, sueños, desplazamientos y toda suerte de mecanismos psíquicos destinados a preservar ocultos los deseos del sujeto.[18]

Linda Williams, al examinar la manera en que el director de Calanda utiliza el discurso surrealista desde la teoría del lenguaje de Lacan (construida sobre la idea de que el inconsciente está estructurado como un lenguaje), afirma que tanto los surrealistas en general como

18. En realidad ésta es la idea que persiguen muchos teóricos del cine cuyo acercamiento al análisis fílmico se basa en el psicoanálisis. Véase, por ejemplo, el ya clásico trabajo de Christian Metz, *The Imaginary Signifier*, donde el autor, al examinar la relación entre el cine y el espectador y la producción del sentido en el cine (en el film), mantiene la idea de que tal relación, y desde ella la emergencia de la significación, está constituida bajo las mismas premisas del inconsciente y de sus mecanismos, así como de aquellos procesos o instancias que intervienen en la formación de la subjetividad (imaginario, simbólico, real) y por los cuales éste deja traza en la realidad del sujeto (fetichismo, voyeurismo, deseo). Así, podemos leer: «All this [se refiere a las relaciones entre el imaginario y lo simbólico, el estadio del espejo, el complejo de Edipo, etc.] is undoubtedly reactivated by the play of that *other mirror*, the cinema screen, in this respect a veritable psychical substitute, a prosthesis for our primally dislocated limbs. But our difficulty — the same one as everywhere else — will be that of grasping in any detail the intimately ramifying articulation of this imaginary with the feats of the signifier, with the semiotic imprint of the Law (here, the cinematic codes) which also marks the unconscious, and thereby man's production, including films» (1977: 4).

Buñuel en particular están más interesados en trabajar el deseo inconsciente como forma y no como contenido, de tal modo que el deseo funciona «much less as a subject-content than it does as a form — a structural process in which the work of the image is of central importance» (1981: 15). Es importante enfatizar esta afirmación de Williams en la medida en que, en mi opinión, modifica radicalmente la mirada sobre el film, ya que, ahora, ésta se posa sobre el inconsciente como *narrativa* (no ya como espacio de contención de significados específicos) y, en consecuencia, como lenguaje que expresa y contiene un deseo y una 'verdad' en *el mismo proceso* de su devenir narrativo. Y esto es lo que realiza Buñuel: construye el inconsciente como estructura y no ya como contenedor, mediante, primero, el uso del montaje y de la edición del film, a partir de los cuales provoca la percepción de una absoluta linealidad en la historia del grupo de amigos burgueses, la cual, en realidad, está dominada por una constante interrupción y una intensa repetición —el efecto inmediato de esta interrupción y repetición es la percepción de que la historia está sujeta a una radical a-temporalidad o a una no-temporalidad—; gracias a ello, el espectador percibe una absoluta continuidad entre sueño y realidad, ya que el trabajo de composición y edición oculta insidiosamente la transición y/o la separación entre ellos, o incluso la transición y/o separación entre diferentes sueños. Luego, el inconsciente se manifiesta como estructura a través del uso del *flash-back* y de los sueños, dado que son ellos los que ponen en circulación, de forma natural y sin transición temporal o espacial, los fantasmas habitando hospitalariamente el mundo de los vivos, o los vivos moviéndose familiarmente en el mundo de los muertos. Y, finalmente, se evidencia a través de la ausencia de conclusión de las historias así como por ese bizarro y repetitivo desplazamiento del grupo central de personajes por una carretera que no tiene dirección, rumbo o destino o temporalidad concreta. Todo ello señala hacia el inconsciente como la estructura de un sujeto de infinita apertura, de radical incertidumbre y de también radical intemporalidad.

A través de estas técnicas de montaje, edición y puesta en escena, Buñuel examina las estrechas relaciones entre una burguesía alienada de la realidad (el inconsciente en tanto que estructura del deseo) y los aparatos ideológicos y ejecutivos del estado, es decir, el Ejército, la policía y la Iglesia. Esta relación se presenta constituida a partir de un trasfondo donde la violencia estatal (del Ejército y de la policía; unos consumen hachís cuando están realizando maniobras, mientras que los otros torturan a sus prisioneros) y para-estatal (los terroristas que persiguen al embajador de Miranda) marcan el ritmo de una historia sin final posible, siempre abierta y en marcha hacia un trayecto sin destino, sin localización, sin tiempo. Por tanto, *sin historia* aparente.

Esta técnica de montaje que no hace una diferenciación identitaria entre realidad objetiva y subjetiva, entre percepción y sensación; que trata de igual modo a un fantasma que a un sujeto real, ubicándolos en el mismo lugar existencial (a veces negándole incluso al personaje su identidad como sujeto o como fantasma; sería el caso del Sargento Sangriento, quien aparece en escena en calidad de ambos); que separa o une relatos dentro de relatos, sueños dentro de sueños, sin sujetarse a ningún tipo de convención; esta realidad, en fin, hace que el espectador del film sea el que construya una idea de temporalidad muy específica, una temporalidad marcada, precisamente por el desorden y el zig-zag. ¿Dónde se marcaría, entonces, en *El discreto encanto de la burguesía*, la traza temporal? ¿Dónde buscaríamos la huella del tiempo narrativo en la historia que relata este film?

La repetición (que ocurre en ese salón burgués como lugar de encuentro recurrente o como espacio donde se cuentan y encuentran las historias), la interrupción (de los relatos, de las escenas, de las comidas), el anacronismo (la convivencia simultánea de sueños y realidades, de a-temporalidades) y la ausencia de final(es), trazarían y marcarían el presente como *el* tiempo histórico del relato —protagonizado por los encuentros del grupo, que es el centro del relato— desde una radical multiplicidad temporal siempre no-contemporánea a sí. Esa multiplicidad de temporalidades hace emerger una historia y una realidad cuyo desvelamiento se produce necesariamente por la mirada/presencia del espectador y por la narrativa que surge de esa mirada implicada, ya que, como Lacan afirmaba, la presencia del inconsciente, su 'aparición' se realiza fundamentalmente a partir de la interrupción y suspensión de «la discontinuidad en la que algo se manifiesta como vacilación» (1973: 33). En su reflexión sobre el inconsciente freudiano, Lacan diría que la discontinuidad tiene como función básica la censura que borra la significación, el sentido. Una concepción, entonces, de la temporalidad que delimita el inconsciente como al «sujeto en tanto alienado en su historia, donde la síncopa del discurso se une con su deseo» (ibíd.: 34). En *El discreto encanto* el relato del grupo de amigos burgueses se realiza desde la práctica de una absoluta distancia de la marca temporal, de la linealidad no-lineal del relato y de la indiferencia entre realidad y sueño, por lo que el film se narra, en la lectura espectadora, como la puesta en escena del tiempo de la historia, es decir, de ese presente 'absoluto' que deviene tal debido a los actos repetitivos del grupo de amigos. La repetición, imperceptible pero contundentemente, hace que emerjan *otras* temporalidades en el momento mismo en que el presente (lo que ocurre en el salón burgués) se transforma en el inconsciente. En ese presente/inconsciente, el tiempo se espectraliza (se hace no-contemporáneo a sí) y actualiza un sujeto (la burguesía) alienado en *la* historia. De ahí ese dirigirse del grupo no se sabe desde dónde ni a dónde, no se sabe cuándo ni desde cuándo ni hasta cuándo; trayecto interminable y repetitivo de los personajes, como un devenir incierto en/de la historia. La espectralización temporal, el tiempo histórico habitado por fantasmas, enfatiza el presente como el momento de la historia, descentralizando el pasado como el momento de lo histórico, al mismo tiempo que hace que la experiencia del tiempo de la historia se desvanezca en tanto tal experiencia. Al final de *El discreto encanto de la burguesía* Rafael Acosta, despertando de su sueño, cierra el relato —la historia del grupo— sin clausurarlo, ya que lo convierte en una duda y, por tanto, en la pregunta sobre la 'realidad' de la historia recién contada. ¿Qué realidad es ésta? ¿Cuál es su tiempo? ¿Hacia dónde se encamina?

El fantasma de la libertad o el retorno de la historia

El fantasma de la libertad enmarca sus múltiples narrativas cortas en dos acontecimientos históricos: uno explícitamente incluido como principio —la sublevación popular de los españoles contra las tropas francesas en 1808— y otro implícitamente presente al final —la representación paródica de la revolución estudiantil de Mayo del 68 en París—. Si el film anterior se articulaba en torno a la noción de inconsciente, a partir del cual hacer de la burguesía *el* sujeto de la historia, y también a la idea de presente como tiempo de la historia, ahora será el concepto de la libertad el que permita a Buñuel examinar la experiencia del sujeto en la historia; o lo que sería parecido, la experiencia de la temporalidad histórica —de la que se ocupó de forma protagónica en la película anterior— actuando en la experiencia del presente. El fantasma que el título convoca sería así la presencia espectral de la historia, ahora el pasado histórico, pero, de forma importante, no tanto en su forma específica de evento histórico, como en su forma residual, como traza o huella que marca, simultáneamente, la experiencia de (libertad) presente. Recordemos que *El fantasma* se abre con la escena que replica el cuadro de Goya de los fusilamientos del tres de mayo, junto con una nota en la que se dice que esta historia está basada en un cuento de Bécquer. Desde el principio la película se contextualiza a partir de la imagen, lo visual que materializaría la historia, y la palabra, lo textual que la representa.

La mayoría de los críticos que trabajan este film, que, según el propio Buñuel supone un «homenaje discreto a Karl Marx, a ese espectro que recorre Europa y que se llama comunismo, al principio del *Manifiesto*» (1982: 242), coinciden en que su estructura narrativa, aparentemente caótica y de difícil comprensión, guarda una estrecha relación con un deseo de mantener el sentido en suspenso (cosa que, como hemos visto, ya hizo en el film anterior). Susan Suleiman, por ejemplo, destaca la no-linearidad del argumento narrativo dada precisamente por los saltos constantes de una historia a otra, por una permanente interrupción y discontinuidad entre las historias que componen la narrativa total de *El fantasma de la libertad*. De hecho, es generalmente un personaje secundario quien realiza, en un sutil desplazamiento de una cámara que abandona a un personaje y se enfoca en otro, el paso de un relato al otro. El desplazamiento sería para esta autora la estrategia narrativa que une/desune las trece secuencias narrativas del film, mientras que el exceso y la exageración funcionarían como mecanismos que socavan la linearidad (1978: 281).[19] Para Marsha Kinder, el film concentra su estrategia en una práctica de relato circular: la primera escena, una representación del episodio histórico plasmado por Goya en su cuadro *Los fusilamientos del tres de Mayo* —soldados del ejército napoleónico ejecutando a los rebeldes españoles— retorna en la última, donde los estudiantes protestan delante del zoológico. Esta estructura circular y la no-linearidad narrativa, así como el constante desplazamiento que interrumpe e impide la conclusión y el cierre de las historias (como, de otra forma, ya hacía en *El discreto encanto*), producen un «'principle of infinite suspension' [... and] makes the film even *more* linear than a normal narrative» (Williams 1981: 155) para desvelar cautamente, sin estridencias, una visión rotunda de la historia y del tiempo histórico. Lo que aparentemente son viñetas de historias sueltas se transforma, desde esta estrategia narrativa, en la expresión de una mirada marcada por un profundo sentido de la historicidad que convierte un 'texto' de apariencia puramente artístico (dominado exclusivamente por principios estéticos) en una intervención política sobre la razón histórica que contextualiza la experiencia del sujeto. Buñuel, genio de la

19. En relación al 'exceso', no sería desacertado afirmar que Buñuel lo utiliza como la técnica del exceso en todas y cada una de sus películas. Entiendo exceso de forma muy concreta, como una técnica cinematográfica que apunta a y dirige la relación a partir de la cual el film y el espectador interactúan para darle sentido a las imágenes en movimiento. Es decir, aquello que queda en el afuera del trabajo cinematográfico pero que forma parte intrínseca de él. En este sentido, Stephen Health afirma: «Just as narrative never exhausts the image, homogeneity is always an *effect* of the film and not the film system, which is precisely the production of that homogeneity. Homogeneity is haunted by the material practice it represses and the tropes of that repression, the forms of continuity, provoke within the texture of the film figures — the edging, the margin — of the loss by which it moves; permanent battle for the resolution of that loss on which, however, it structurally depends, mediation between image and discourse, narrative can never contain the whole film which permanently exceeds its fictions. 'Filmic system' therefore, always means at least this: the 'system' of the film in so far as the film is the organization of a homogeneity and the material outside inscribed in the operation of that organization as its contradiction» (citado por Thompson 2004: 513).

ambigüedad y del sinsentido, escoge así abrir el film con la representación del evento histórico y no, en realidad, con una escenificación realista del evento mismo.

Efectivamente, la película, que carece de argumento o de narrativa central ya que es la acumulación de (13) historias de distinta índole y estructura, y cuya mayoría no tienen relación entre sí, se abre con una brillante escena donde lo visual y lo textual se combinan para realizar una reproducción exhaustiva del cuadro de Goya *Los fusilamientos del tres de Mayo*. Durante los créditos, el cuadro del pintor aragonés ocupa la pantalla en un *close-up* congelado que enfoca a los personajes a punto de ser fusilados. A él se sobreponen unas palabras explicando que la acción del film comienza en 1808 en Toledo, durante la ocupación de la ciudad por las tropas napoleónicas, y que lo que se verá a continuación está basado en un cuento del poeta romántico Gustavo Adolfo Bécquer. De ahí se pasa a la primera escena donde se presencia, en una representación/escenificación realista del cuadro, la ejecución de tres españoles, uno de ellos gritando «Vivan las caenas» y provocando otro grito colectivo, «Mueran los gabachos». Mientras las ejecuciones continúan y después de mostrar enfáticamente la acumulación de cadáveres al igual que ya hacía Goya en su cuadro, la cámara se concentra en un soldado francés que bebe sacrílegamente el vino de la sacristía y que, al intentar besar la estatua de doña Elvira, es golpeado por la estatua de su esposo. Se sabe la identidad de estas estatuas porque simultáneamente se oye la narración de una voz en *off* leyendo en voz alta la leyenda de Bécquer, *El beso*, según la cual, el capitán, borracho con sus compañeros cuando pernoctan en una iglesia toledana convertida en cuartel de las tropas francesas, se obsesiona con la belleza de doña Elvira, dama medieval, hasta el punto de creerla viva. De forma interesante, la leyenda del poeta romántico termina ahí, pero el film escoge continuarla haciendo que el soldado abra la tumba para encontrar a doña Elvira incorrupta en su belleza. En un *close-up* del cadáver incorrupto la cámara ofrece un intenso contrapunto al horror que se desprendía de la escena anterior con los cadáveres acumulados durante la ejecución. Éste es, pues, el doble comienzo de *El fantasma de la libertad*: por un lado, es un comienzo histórico que muestra el horror del evento (los acontecimientos de la invasión napoleónica en la España de principios del siglo XIX) y, por otro, es un comienzo literario, la leyenda de Bécquer, por el que ese horror se estetiza y se romantiza. Es importante enfatizar, por tanto, que Buñuel organiza su mirada histórica a partir de una doble representación del evento histórico: el cuadro de Goya y la leyenda de Bécquer;[20] y que, además, contextualiza y enmarca la historia por venir en una doble racionalidad, la visual y la textual. Por la primera se representa el evento histórico en todo su horror, se lo materializa y actualiza, pero desvelándose en ese mismo movimiento de materialización, su propia desaparición como tal suceso histórico. Por la segunda se actualiza el evento histórico en la experiencia presente, en ese movimiento que va desde la letra impresa en los créditos hasta la voz en *off* de la mujer que lee la leyenda de Bécquer en el parque de París en los años setenta. De este modo, el origen histórico de la escena de apertura queda en suspenso en la medida en que invita al espec-

20. «Se sabe que Goya observó estos cruentos episodios desde su quinta y que tomó apuntes la misma noche en que acontecieron los hechos, de donde proviene el extraordinario realismo de su pintura y su profunda sinceridad. Así lo testimonió su criado Isidro, que dejó para la posteridad una curiosa narración de los hechos, a la vez emotiva y vibrante: "Desde esta misma ventana vio mi amo los fusilamientos con un catalejo en la mano derecha y un trabuco cargado con un puñado de balas en la izquierda. Si llegan a venir los franceses por aquí, mi amo y yo somos otros Daoiz y Velarde". Isidro contó también que al acercarse la media noche Goya le ordenó que cogiese el trabuco y le siguiese: "Fuimos a la montaña del Príncipe Pío, donde aún estaban insepultos los pobres fusilados. Era noche de luna, pero como el cielo estaba lleno de negros nubarrones tan pronto hacía claro como oscuro. Los pelos se me pusieron de punta cuando vi que mi amo, con el trabuco en una mano y la cartera en la otra, me guiaba hacia los muertos [...]. Luego, sentándonos en un ribazo, a cuyo pie estaban los muertos, mi amo abrió su cartera, la colocó sobre sus rodillas y esperó a que la luna atravesase un nubarrón que la ocultaba. Bajo el ribazo revoloteaba, gruñía y jadeaba algo [...], pero mi amo seguía tan tranquilo preparando su lápiz y su cartón. Al fin la luna alumbró como si porción fuera de día. En medio de charcos de sangre vimos una de cadáveres, unos boca abajo, otros boca arriba, éste en la postura del que estando arrodillado besa la tierra, aquel con la mano levantada»; tomo esta narrativa sobre el realismo del cuadro de Goya de la página del Museo del Prado, <http://www.biografiasyvidas.com/monografia/goya/cuadros22.htm>.

tador a pensar que la importancia de la escena de apertura del film está, de hecho y fundamentalmente, en *la* interpretación de *la mirada de Goya* sobre la historia y ya no tanto en la especificidad del evento en sí. O, dicho en otras palabras, lo que le interesa a Buñuel no es tanto el evento en sí como su representación. Bécquer, poeta romántico, traería entonces a la pantalla el contrapunteo entre realismo/historia y romanticismo/leyenda. Una razón histórica que se presenta, pues, como centro/contexto de la reflexión fílmica desde una radical pregunta hacia su temporalidad, es decir, hacia su origen, su acontecer y, también, hacia su narrativización.

Más aún, Buñuel está destacando en esa apertura textual y visual del film las dos estructuras que cimientan el episodio histórico en una temporalidad radicalmente discontinua: por una parte, la comunalidad entre la violencia y el deseo que lo originan, y que Buñuel trabaja ejemplarmente en esa unión entre historia (Goya) y leyenda (Bécquer), y entre realismo testimonial (Goya) y romanticismo esteticista (Bécquer); por otra, el tiempo de la representación que, al desplazar el evento al lenguaje, lo aboca inevitablemente a la multiplicidad de temporalidades y a la simultaneidad (el tiempo de la representación es tanto el tiempo de su escritura como el de su lectura; y en ambos tiempos, se produce su actualización).

Buñuel trabaja esto haciendo escuchar al espectador una voz en *off* cuyo efecto es trasladar una escena de un pasado remoto a una absolutamente contemporánea. La violencia y el deseo a la que da lugar la búsqueda de la libertad (Goya) y el deseo perverso que se engendra incluso en situaciones de intenso conflicto (Bécquer) ponen en escena la aparición de fantasmas que conjuran el pasado y lo actualizan.[21] Violencia y deseo irán de la mano en *El fantasma*, tanto con una presencia específica en cada historia incompleta que el film acumula

21. Históricamente hablando, Goya representa en su cuadro un conflicto que, podría argüirse, se origina en una búsqueda de la libertad desde los dos bandos: los franceses estarían persiguiendo liberar a un país de su tirano y los españoles estarían resistiendo la colonización de una nación extranjera cuya presencia arriesga la soberanía española.

(acumulación que *repite* la que la cámara marca al centrar su foco en la pila de cadáveres yaciendo unos sobre otros), como con una presencia fantasmática a lo largo de todo el eje narrativo y que concluye en ese giro circular que cierra el film y que *repite* en su diferencia el principio: la escena del deseo ilícito y necrófilo narrado en la historia del comisario y su hermana (eco de la historia del soldado francés abriendo la tumba de doña Elvira) y a la que sigue la revuelta en el zoológico donde se escuchan, como ya habíamos escuchado durante las ejecuciones y la exhumación de la tumba de doña Elvira, los repiques de las campanas y los sonidos de los disparos. En este sentido, si el film se abría con un *close-up* del cuadro de Goya ocupando la pantalla, se cierra con el *close-up* del cuello y cara de un avestruz, también ocupando la pantalla y que, por asociación, está siendo testigo de la contienda entre la policía y los manifestantes, como ya lo había sido Goya de las ejecuciones del Mayo de 1808.[22]

Vemos pues como *El fantasma de la libertad* se enmarca en dos historias muy similares, quizás la misma, pero a la vez muy distintas. Comienzo y final suponen el cierre de un círculo perfecto donde lo que se cierra es, precisamente, el retorno de lo reprimido (Freud y Lacan afirman que es en ese retorno de lo reprimido donde el inconsciente se temporaliza), o el retorno de lo mismo (Nietzsche), donde la naturaleza circular de la historia repite no sólo acontecimientos, sino gestos, ideas, afectos y donde ese 'lo mismo' entra en razón dialéctica con la voluntad de poder. La belleza y la genialidad de este film, al representar la libertad como algo presente en la experiencia de la historia pero siempre *en la medida en que* es espectral (la soberanía del pueblo español, la lucha contra el tirano, la libertad social perseguida

22. A pesar de que la sabiduría popular asigna al avestruz la característica de cobarde, o quizás por ello mismo y a modo de contrapunto, Buñuel la convierte en este *close-up* en un testigo visiblemente despierto y muy atento al acontecer. Quizás sea la misma avestruz, por otro lado, que se pasea por la habitación del señor Foucauld mientras un reloj marca de forma caótica y sin orden racional el tiempo que el espectador, perdido en ese caos temporal, no sabe si asignar al mundo onírico o real del personaje.

en el 68 y que, en cada viñeta, se representará de diferentes formas), se encuentra en esa estructura de acumulación de historias incompletas e inconclusas que, sin tener nada que ver unas con las otras, van haciendo de la libertad tema 'des-aparecido' en cada una de ellas. Esto lo hace a partir, casi siempre, del uso de imágenes que serán replicadas posteriormente en relación a esos dos ejes afectivos y estructurales —el horror y el deseo— que abren el film, ponen en escena la presencia de los franceses en Toledo y culminarán en la escena final del zoológico. El episodio histórico que se interpreta como el origen de la voluntad soberana del pueblo español culmina en un conflicto entre sujetos nacionales (policía y ciudadanos en el zoológico parisino) que luchan, igualmente, por la libertad. El zoológico —la cámara enfatiza sus rejas— y un avestruz —con la cabeza bien alta escuchando el estrépito causado por los disparos y observando atentamente lo que sucede— se hacen lugar y testigo del acontecimiento, al igual que ya hiciera Goya en 1808 desde detrás de la ventana de su casa al escuchar las ejecuciones que luego plasmó de forma tan realista en su famoso cuadro mientras su criado Isidro se las iba relatando (fue Isidro quien 'vio' las ejecuciones). Esta escena, final de la película y rememoración de su inicio, sirve de cierre a una narrativa donde la idea de libertad —por la que dan la vida los protagonistas del cuadro de Goya— prevalece a lo largo de la historia como un fantasma que se desvanece en cuanto se produce la posibilidad de su realización. La película refleja esto magistralmente en esa imposibilidad de concluir las historias y en ese constante paso de una a otra sin transición ni continuidad, pero en su permanente marca a lo largo el film —el cuadro de Goya también se ve en una pared de la oficina del comisario—. De ahí que el deseo sirva como el mecanismo que pone en juego una temporalidad siempre diferida, siempre por venir. La libertad, al igual que el deseo, *es* en la medida en que está mas allá, en el afuera del tiempo histórico. En palabras de Williams:

> In this film, what begins as an apparent celebration of freedom and revolt — in political, erotic, and textual transgression — ends paradoxically as an illumination of the tyrannies that make the dream of freedom possible. The revolutionary's desire for freedom is just as much a phantom as the lovers'

> desire for the unpossessable woman in the tomb or the narrative's desire to escape from narration. It is the force of opposition itself that animates all these desires (1981: 178).

Buñuel representa esta imposibilidad, como ya hizo en su película anterior, con el uso de la repetición, pero de una repetición que, al producirse, transforma su original y lo convierte en algo diferente. Así *repite* la representación de un mismo episodio histórico con dos versiones diferentes de él: la representación del deseo a través de la leyenda de Bécquer (a la que Buñuel le cambia el final para dar entrada al deseo necrófilo) y la representación de Goya, por la que Buñuel convierte en tema la violencia y el horror en el énfasis que produce la escenificación 'real' de las ejecuciones que el pintor plasmó en el cuadro. *Repite* también la presencia del avestruz a la que ya habíamos visto entrando en el dormitorio/sueño del señor Foucauld, que al final se queda observando activamente la revuelta a la que los espectadores no tienen acceso. *Repite*, por último, la exhumación de la tumba de doña Elvira en el intento frustrado de la apertura de la tumba de Marguerite, la hermana del comisario, escena en la que la necrofilia se amplía al incesto.[23]

Estas y otras repeticiones menos elaboradas (la presencia del cuadro de Goya en la oficina del comisario, la duplicidad de comisarios, la visita a los doctores, etc.) transforman el tiempo de la narrativa en un tiempo cíclico que abre la temporalidad del relato a una escena extradiegética que la ocupa, habitándola ominosamente. ¿Cuál sería el presente narrativo de *El fantasma de la libertad*? ¿1808? ¿Algún momento de los años setenta? ¿Quizás la revuelta del zoológico sea en mayo del 68? ¿O son todos estos tiempos simultáneos? Lo cierto es que los sujetos de autoridad son invariablemente los mismos en su diferencia: los soldados napoleónicos ejecutando a los rebeldes españoles en Toledo se *repiten* en los policías que intentan atajar a los

23. También podría verse una 'repetición' en el nombre del señor Foucauld, que es reminiscente (por la onomatopeya del nombre) de Foucault y al que podríamos asociar sin mucha dificultad con los eventos del 68.

manifestantes en el zoológico parisino. Y lo seguro es que, más de un siglo de por medio, los sujetos objeto de represión (el 'pueblo' español y los 'ciudadanos' franceses) *repiten* el mismo grito transgresivo: «Vivan las caenas»; un grito que apunta a un 'sin sentido' en el que se esconde la única verdad: la razón histórica está habitada por la lógica del fantasma, aquella lógica que hace del deseo, y la violencia que éste produce, el motor del tiempo humano.

Ese oscuro objeto del deseo y la inclusión espectadora

Hemos visto que *El discreto encanto de la burguesía* inicia una narrativa sobre el tiempo histórico, sobre su representación, donde se presenta como primer momento a un sujeto (la burguesía) que deambula a la deriva, alienado en la historia (en ese viaje 'de ningún lugar a ningún lugar'). La estructura narrativa del film estaría emulando, por un lado, el espacio de la realidad a través de ese salón burgués que se mueve, de forma muy enfática, al ritmo biológico y cronológico de la satisfacción del apetito y de los días de la semana (las reuniones, siempre frustradas, a comer y las continuas referencias de los personajes, a 'mañana, 'el sábado', 'en unas horas');[24] por el otro, imitaría al 'tejido' atemporal del inconsciente, siempre violento y perturbador, y señalaría a su abrupta emergencia y, por tanto, a su presencia activa en la 'realidad', siempre bajo la premisa de su naturaleza a-temporal y caótica interviniendo con fuerza en los aconteceres de ese salón, donde

24. En su excelente libro, *The Emergence of Cinematic Time. Modernity, Contingency, the Archive,* Mary Ann Doane muestra como «the concept of the index [...] seems to acknowledge the invasion of semiotic systems by the real. The footprint, the weathercock, the photographic image — all testify to the fact that the referent was present and left its legible trace directly in representation» (2002: 70). Obviamente, la enfática referencia a índices temporales es a lo que Peirce, de acuerdo con Doane, llamó indexicalidad, cuyo uso siempre apunta al límite del momento presente en la representación puesto que el índice marca el presente de la representación al mismo tiempo que señala, por referencia, a un momento anterior.

irrumpe sin transición ni marca de distinción. De este modo encontramos un gran parecido entre esta estructura narrativa y aquella a la que Freud describía como el inconsciente: «Los procesos del sistema inconsciente se hallan fuera del tiempo, esto es, no aparecen ordenados cronológicamente, no sufren modificación ninguna por el transcurso del tiempo y carecen de toda relación con él. También la relación temporal se halla ligada al sistema consciente» (1973b, 2073).

Así, *El discreto encanto de la burguesía* estaría representando esa temporalidad indisociable de la modernidad, traída de la mano de la burguesía en su espacio más característico, el salón, mientras que *El fantasma de la libertad* produce una narrativa en la que se cuestiona la historicidad misma de la Historia (su traza temporal) señalándose que la libertad como sujeto de la Historia (su búsqueda o su razón histórica) se encuentra atrapada en y por su carácter espectral: siempre más allá, siempre habitando una no-contemporaneidad a sí.[25]

¿Qué ofrecería pues, y finalmente, la última película de la serie siempre, claro está, en relación con las dos que le anteceden?[26] Cabría destacar primero la diferencia importante en la estructura narrativa de la película respecto a las dos anteriores. Esta vez, el espectador se encuentra con una historia muy literaria y, de algún modo, de corte muy tradicional (con principio-desarrollo-final claro y contundentes) y cuyo relato central está narrado a modo de *flash-back*. Basada en la novela de Pierre Louÿs, *La mujer y el pelele* —1898, con varias adaptaciones—, *Ese oscuro objeto del deseo* cuenta las vicisitudes de un caballero de la alta burguesía francesa que se apasiona con una espa-

25. *El discreto encanto de la burguesía* estaría, pues, presentando una reflexión muy acorde al interés moderno por la representación del presente: «Both the theory of afterimage and the theory of the index [...] circulate around the question of the accessibility of the present in representation. An investigation of the historical work of these two concepts can shed light on the cinema's role in discourses about the present in modernity — the present as object of fascination, the present as impossible limit» (Doane 2002: 70).

26. Remito al excelente análisis que Linda Williams realiza del film, centrándolo en la cuestión de la adaptación de la novela, el deseo, y cómo éste se relaciona ineludiblemente con el sujeto y su subjetividad.

ñola, Conchita, quien a su vez mantiene la pasión viva del maduro aristócrata jugando de forma cruel el juego de la seducción; es decir, difiriendo constantemente la satisfacción del deseo de Mathieu que, ante ello, adopta sin remedio el papel de *voyeur* a lo largo del film.[27] El deseo se mantiene, por tanto, en su más pura potencialidad, nunca aconteciendo. De este modo, y desde esta estrategia, el film se constituye como una narrativa de la promesa y, por tanto, del tiempo por venir, pero sin descuidar, no obstante, el pasado —el relato de Mathieu se produce para justificar una conducta y una situación del presente— y el futuro, el tiempo del deseo cumplido o de la promesa realizada; un relato, pues, que se basa y se construye dentro de las más convencionales marcas temporales.

La película se inicia con Mathieu Fabert comprando un billete de tren que le llevará de Sevilla a Madrid, en un trayecto cuyo destino final es París, las dos ciudades donde se desenvolverá la acción. Pero antes de su viaje, regresa a su casa sevillana en cuyo desordenado salón

27. Linda Williams mantiene con razón que el film pone en escena la emergencia de la formación del sujeto humano tal y como la entiende Lacan. Desde esta posición lacaniana, se explicaría la negativa del protagonista a ver la diferencia entre las dos mujeres que 'conforman' a Concha y que aparecen al azar a lo largo del film. Dice Williams: «For what Mathieu desires in this scene and throughout the film is not Concha herself or that mythically pure and untouched portion of her anatomy which seems so close and yet so far, but a form of *self*-possession that structurally repeats the mirror-stage apprehension of a mistaken unity of self and Other in the imaginary lure of the reflected image. This, I think, is one meaning of the random substitutions of the two actresses who play Concha. If Mathieu is blind to the individual characteristics of the two Conchas, if he treats them as one person, it is not only because he is interested in on part of a woman's anatomy and thus doesn't notice the difference, but also because she is totally the projection of his *own* subjective desire to fill the lack in his own being» (1981: 196). En este sentido, Concha funcionaría sólo como figura de deseo, una asociación que apunta, en realidad, a la pérdida del *propio* objeto (*ibid.*:198), lo que Lacan denominaría la hiancia del sujeto, su división radical (la falta). Por otro lado, es interesante notar que esta representación del deseo (en su constante búsqueda, y siempre diferido) afirma rotundamente el principio analítico según el cual «desire [is] a pure effect of lack and endless pursuit, [and] the initial core of the unconscious» (Metz 1977: 4).

se encuentran —y la cámara lo muestra con parsimonia— indicios de violencia (entre los objetos de decoración rotos, la cámara singulariza un almohadón y ropa interior femenina ensangrentados así como unos zapatos de mujer, objetos de fuerte carga fetichista), pero a los que tanto Mathieu como su criado, quienes parecen saber cual es su referente, restan importancia. De este modo, el film comienza apuntando una anterioridad fuera del marco narrativo que enmascara lo que representa la ropa ensangrentada de una mujer en una habitación donde reina el desorden (la indexicalidad se constituye aquí desde el objeto fetiche, más que desde el índice temporal, como vimos en *El discreto encanto*). Merece la pena notar la presencia de un hombre con un saco ('el hombre del saco') que pasa por delante de la puerta de la casa y que se cruza con Mathieu cuando éste se dispone a entrar en ella, así como la presencia terrorista cuando éste la abandona para dirigirse a la estación. De hecho, su trayecto se ve interrumpido por este acto terrorista que hace estallar, en una nube de humo y fuego (como la de la escena final), un coche con sus pasajeros. Una vez que el personaje está en el tren, en un compartimiento que ocupa con otros viajeros, tendrá la oportunidad de relatar los hechos y de explicar ese trazo de violencia en su casa, desvelando así, tanto a los contertulios como a los espectadores, el misterio de las ropas ensangrentadas. Efectivamente Mathieu le cuenta a un grupo heterogéneo de espectadores —un psicólogo enano, una mujer francesa con su hija y un juez, que se muestran intrigados por la súbita aparición de una mujer que le arroja un cubo de agua por encima— su relación apasionada con Conchita (creyendo que su historia con ella ha llegado a su fin), quien de forma repetida e insidiosa, incluso cuando ya son amantes estables, le niega para su creciente frustración y desesperación poseer su cuerpo, rompiendo una y otra vez la promesa de entregarse a él en la consumación de la relación sexual. A través de un *flash-back* que ocupa la mayor parte de la narrativa, los espectadores irán observando los juegos seductores de esta mujer, así como la frustración y desesperación a la que el protagonista es abocado, permanentemente obligado a mirar a su objeto de deseo, pero nunca a poseerlo.

¿Cuál es la razón temporal que domina esta narrativa? ¿Dónde encontramos un sentido a la búsqueda de este sujeto en su violenta relación con el deseo? Como ya señalamos, en *El discreto encanto*, la postergación de la comida, la ausencia de transición entre realidad diegética y onírica, la presencia en ambas realidades de fantasmas con identidad de espectro o ser viviente y la marcha sin rumbo ni dirección, servían para presentar una realidad donde la simultaneidad de diferentes temporalidades, e incluso una cierta a-temporalidad, se erigía como única posibilidad de comprensión. En otras palabras: la no-contemporaneidad a sí sería la temporalidad que daría identidad a un presente dislocado, disyuntivo, abierto a la pura multiplicidad. En *El fantasma*, el uso de las asociaciones metonímicas, responsables de las transiciones entre unas historias sin relación aparente pero a partir de las cuales se da un 'sentido' de narrativa al film, y el uso enfático de la repetición que conforma una estructura dominada por una temporalidad de retorno y de ciclo, articulan una significativa e importante razón histórica: la libertad ansiada por el pueblo español en 1808 se *repite* en la que persigue un colectivo de manifestantes en el zoológico parisino en pleno siglo XX; es decir, destaca y convierte en protagónica esa espectralización del tiempo histórico, haciendo del presente, otra vez, una no-contemporaneidad a sí en la medida en que contiene una multiplicidad de temporalidades que conviven en simultaneidad.

Ese oscuro objeto del deseo utiliza una estrategia narrativa radicalmente diferente a las otras dos; la historia juega con los niveles temporales desde una acusada, y hasta sorprendente, convencionalidad. El film se abre con una escena en el presente diegético pero cuya referencia a una ausencia y a una escena ocurrida en el pasado da entrada a una narrativa en forma de nudo elíptico y fetichista (marcado por las ropas y los objetos que pertenecen y sustituyen, sabremos más adelante, a Conchita); esa escena se representa en un salón donde algo ha pasado —los objetos ensangrentados señalan hacia un momento anterior a su propia actualidad— pero que no se descubre hasta que el relato del pasado se produce a modo de *flash-back*. Durante ese *flash-back* se narra la historia no sólo a un grupo de espectadores que forman parte de la diégesis del relato (los pasajeros del tren), sino también a los espectadores extra-diegéticos, quienes acabarán descubriendo que el meollo del relato no es otro que la búsqueda de la satisfacción del deseo y los juegos de seducción que la imposibilitan. Por último, el retorno al presente narrativo (que en la relación con Conchita se inicia con ella tirándole el cubo de agua en el tren) retoma la relación supuestamente finalizada entre Mathieu y Conchita como efecto directo de los acontecimientos que ocurrían mientras Mathieu contaba su historia durante el viaje en tren a Madrid. Esta estructura convierte el núcleo de la trama (la relación entre el deseo y su imposibilidad, entre Mathieu y Conchita) en un paréntesis que, en su calidad de tal, enfatiza el momento del presente diegético —el acto mismo de la narración y el reencuentro con Conchita— como la temporalidad privilegiada. Temporalidad que, sin embargo, termina bruscamente en un cierre o sutura absolutos, ya que da lugar a la muerte, a esa explosión final, provocada por los terroristas, donde los dos protagonistas se desvanecen; es decir, el cierre marca el fin del deseo en el momento mismo del fin del tiempo.

El cierre o sutura se presenta bajo una forma a la que Buñuel nos tiene acostumbrados. Me refiero, claro, a una acción simbólica, digna réplica de las mejores escenas surrealistas, y que será la última escena de *Ese oscuro objeto*, y de toda la filmografía del director aragonés: Mathieu y Conchita pasean alegre y convencionalmente (cogidos del brazo, como una pareja tradicional) por un barrio céntrico de París para entrar en una de sus famosas galerías parisinas, las mismas a las que Walter Benjamin les dedica su monumental *The Arcades Project*.[28]

---

28. Resulta llamativo e intrigante el hecho de que las fotografías que se incluyen en *The Arcades Project* se parecen extraordinariamente a las que recorren Mathieu y Conchita en su paseo. Obviamente no puedo dejar de establecer una relación asociativa entre una y otra, sobre todo porque la obra de Benjamin supone una reflexión a partir de la construcción durante el siglo XIX de estas galerías con nuevas tecnologías (hierro) y la radical modificación a la que dan lugar tanto en el espacio urbano (en su uso y en su concepción) como en la posición del sujeto en tal espacio. Además, y fundamentalmente, este trabajo del filósofo alemán es una expresión más radical de su concepción de la historia —y de la historicidad de la historia, su marca temporal—: la historia como arresto y como constelación de temporalidades que explosionan en un momento dado. Es, además, la exposición de su razón crítica a la modernidad capitalista de la que los «arcades» son expresión, y de los motivos por los cuales debemos superar la ideología moderna (sobre todo la que erige el progreso como aquello que avanza el

La pareja se detiene ante un escaparate de la que parece una tienda de lencería. Detrás de él, una mujer ordena ese escaparate y extrae de un saco (como el que ha ido apareciendo de forma recurrente a lo largo de todo el film pero del que nunca supimos el contenido) una prenda de ropa femenina rasgada y ensangrentada que comienza a coser. La mirada de Mathieu se posa fija y fascinada en esa prenda, de la misma forma en la que miraba el cuerpo de Conchita en escenas anteriores. La cámara, que juega con presentar la escena directamente o a través del cristal del escaparate, enfoca simultáneamente la mirada fascinada de Mathieu sobre las manos de la mujer cosiendo el paño rasgado que ha

---

mundo). Todo ello es, también, el proyecto de Buñuel, quien con su regreso al surrealismo en estas tres últimas películas explicita de una forma má intensa su reflexión sobre la historia y la temporalidad que marca el trayecto de la modernidad. En cuanto al significado de los «arcades», Benjamin, después de afirmar que el Surrealismo fue el primero en abrir nuestros ojos a las ruinas de la burguesía —y siguiendo a Balzac, primero en hablar de ellas—, dice: «[The arcades and *intérieurs* ...] are residues of a dream world. The realization of dream elements, in the course of waking up, is the paradigm of dialectical thinking. Thus, the dialectical thinking is the organ of historical awakening. Every epoch, in fact, not only dreams the one to follow but, in dreaming, precipitates its awakening. It bears its end within itself and unfolds it — as Hegel already noticed — by cunning. With the destabilization of the market economy, we begin to recognize the monuments of the bourgeoisie as ruins even before they have crumbled» (1999: 13). Con respecto a la concepción benjaminiana de la historia: «It's not that what is past casts its light on what is present, or what is present its light on what is past; rather, image is that wherein what has been comes together in a flash with the now to form a constellation. In other words, image is dialectics at a standstill. For while the relation of the present to the past is a purely temporal, continuous one, the relation of what-has-been to the now is dialectical: is not progression but image, suddenly emergent. — Only dialectical images are genuine images (that is, not archaic); and the place where one encounters them in language. Awakening» (ibíd.: 462). Esto es, he intentado mostrar a lo largo de estas páginas, lo que hace Buñuel en sus últimas tres películas: trazar una narrativa, a través de las imágenes fílmicas, de una noción de temporalidad que atraviesa, interrumpiéndola, la noción moderna de temporalidad homogénea y lineal cuya trayectoria se dirige, inequívocamente, hacia la promesa del progreso. «El despertar» de esta razón temporal, se recoge en la última escena de la última película, como veremos.

salido del saco y la cara de Conchita (en este momento interpretada por Carole Bouquet), a la que vemos transformar progresivamente el gesto desde una amplia sonrisa complaciente a una expresión de violento disgusto dirigido a su acompañante, del que acaba apartándose molesta (ahora es Ángela Molina), mientras él sigue mirando las manos de la mujer zurciendo el paño. De forma simultánea a la presentación de esta mirada fascinada (fija, inamovible, bajo una expresión de descubrimiento o revelación) que graba en sus pupilas el acto de coser (suturar) la tela rota y a esta transformación del gesto facial (sutil pero contundente en su movimiento), la escena recoge como sonido de fondo, en cuanto los personajes entran en las galerías, una radio informando sobre la alianza de varios grupos terroristas de izquierdas (POP, PRIQUE, CLAW y RUT bajo la dirección de RABJ, Revolutionary Army of Baby Jesus) dedicados a «perturbar [la] sociedad y provocar confusión». En ese momento la cámara hace un *close-up* de las manos abriendo el saco de arpillera con el que la película nos ha ido familiarizando en varias escenas —incluso en una de ellas es el propio Mathieu quien lo carga a la espalda— y que provoca la fascinada mirada de Mathieu y la cara enojada de Conchita. Segundos después, cuando los protagonistas comienzan a caminar, estalla una bomba que la cámara recoge, otra vez, desde un *close-up* muy intenso, oscureciéndose la pantalla tras el humo y las llamas que impiden ver a los protagonistas, supuestamente muertos por la explosión. El film termina así, con el oscurecimiento y disolución de la escena que deja aparecer los créditos, y la evanescencia de Conchita y Mathieu tras ese humo y fuego.

En esa breve escena, Buñuel *repite*, trayendo de nuevo al centro, tres motivos que han ido apareciendo con mayor o menor énfasis, pero de forma constante, durante toda la película: la amenaza de la violencia terrorista (ubicua pero acompañando los pasos de Mathieu donde quiera que éste vaya —en el comienzo del film, cuando el protagonista sale de su casa en dirección a la estación de tren, su reacción ante la explosión del coche es: «Vaya! También aquí. Un ataque terrorista»—); la voyeurismo de Mathieu, que apunta a un deseo que nunca se materializa; y, finalmente, el saco de vagabundo ('el hombre del saco') que siempre reaparece cerrado y sin sentido aparente siguiendo los pasos del protagonista. Estos tres elementos se unen en esta escena final que deja ver, como mencioné, el fin de la temporalidad (la muerte) y el fin del deseo, su evanescencia. De forma interesante, la escena se produce en unas galerías comerciales parisinas, construidas en el siglo XIX, y reconstruidas y reformadas en diversas ocasiones a lo largo del XX. Las galerías, ya es obvio, son lugar paradigmático de la economía de mercado moderna (más recientemente éstas están siendo sustituidas por los *mall).* Su actual centralidad escénica nos hace regresar, por alusión, a los créditos del inicio de la película, donde veíamos, en el fondo de una Sevilla ocupada por el tráfico (similar a la que nos presenta esta última escena, con un centro de París agobiado por los coches y sus ruidosas bocina), los grandes centros comerciales españoles, Galerías Preciados y El Corte Inglés, que la cámara deja ver de soslayo. Para complementar este retorno al principio, la explosión de la bomba terrorista que hace volar al coche por los aires se produce en cuanto su pasajero dice al chofer, «Al banco», asociándose así el terrorismo, el mercado y la economía en la cuidadosa construcción, a modo de circuito, de estas primera y última escenas. Se cierra así un círculo que se inició con tres elementos ahora materializados de forma contundente y que se dan dentro de un marco construido por una alusión vaga, algo fantasmagórica, al mercado y la economía. Pero esto tres elementos comparten además una característica que hasta ahora no se percibía: su aparición en escena se hace desde una oposición fundamental a la que nos tenían acostumbrados. La amenaza terrorista deja de ser tal para realizarse (se pasa al acto), disolviéndose así en la explosión su permanente carácter de algo por venir (amenaza que apunta siempre a un futuro incierto); el saco se abre, dejando ver su contenido (en un acto simbólico por el cual el fetiche se hace legible —reconocible— posiblemente dándose así entrada al conocimiento);[29] y la mirada fascinada en un desplaza-

29. El fetiche supone, según la teoría psicoanalítica, la negativa del sujeto a enfrentarse con la verdad (el saber): que la madre carece de pene; si el fetiche es sustituido por el objeto que representa, el sujeto accede a la verdad, «reconoce» su saber: «El fetiche está destinado a preservar [el falo de la madre] de su desaparición [...] es el

miento del objeto del deseo (el cuerpo de Conchita) se fija en la prenda femenina ensangrentada que, a diferencia de la que vimos en el principio del film, aparece rasgada y en proceso de ser suturada. Cada una de estas realizaciones enfatiza una temporalidad específica: el presente violento del acto terrorista, el pasado revelado en la apertura del saco y el futuro prometedor que se abre desde la sutura; y su unión produce la evanescencia de los protagonistas (en realidad no los vemos morir) en un final que ya no necesita inscribirse, nominarse como tal en la pantalla. Por eso Buñuel ya no incluye, como hace en todos sus films, la palabra FIN.

En este giro, provocado por estos tres 'actos' (violencia, revelación y sutura) se desplaza la atención sobre el espectador quien debe descifrar ese final para darle sentido, no sólo a la escena recién vista, sino a todo lo que lleva hasta ella. El espectador, imperceptiblemente, se ha tornado sujeto implicado en la narrativa de *Ese oscuro objeto del deseo* como, en realidad, ya se mostraba a modo de anticipo en el núcleo narrativo del film, durante el relato del tren, del que era también partícipe directo. Se cumple así lo que Stephen Heath consideraba el proceso por el cual el cine deviene discurso y que él analiza a partir de un examen detallado del pensamiento de Lacan y Freud, y la entrada del pensamiento psicoanalítico en la teoría cinematográfica.[30] Es decir, aquel elemento por el que un film se convierte en discurso y, en consecuencia, en ideología sería el Otro o, lo que es lo mismo en cine, el espectador. En esta relación entre film —entendido, de acuerdo a Heath, como «una serie de actos de significado» (1981: 93)— y sujeto-espectador se distinguen tres niveles: pre-construcción, construcción (o reconstrucción) y pasaje.

sustituto del falo de la mujer (de la madre), en cuya existencia el niño pequeño creyó otrora y al cual [...] no quiere renunciar» (Freud 1973b: 2993). Sobre el concepto de fetiche en psicoanálisis, véase Freud (1973b y c) y, en relación al cine, Metz (1977).

30. En su ensayo «On Suture» (1981: cap. 3), Stephen Heath se concentra en los trabajos de Jean Oudart y Dayan, y, en particular, en el papel de la sutura como sistema ideológico del que emerge la posibilidad de significación.

> Pre-construction involves the ready-made positions of meaning that a film may adopt, not merely large categories of definition, political arguments, thematic boundaries, and so on, but equally, for example, the signs and orders of language itself, the existing social conventions of colour, the available ideas of film (genre is a major factor of preconstruction). Construction is the totalizing of a more or less coherent subject position in the film as its end, its direction, the overall fiction of the subject related. Passage is the performance of the film, the movement of the spectator making the film, taken up as a subject (Heath 1981: 107).

A este proceso le llama narrativización, «the constant conversion to narrative, catching up the spectator as subject in the image of the narrative and in the film as its narration» (ibíd.).

El final de *Ese oscuro objeto del deseo* narrativiza, de una vez por todas, al espectador como sujeto de esa narrativa, aquel que en un 'pasaje' final debe darle, desde su presencia subjetiva, sentido a esa narrativa. La sutura, por tanto, dirige la mirada a este tríptico final de Buñuel donde sujeto *(El discreto encanto)*, historia *(El fantasma)* y deseo *(Ese oscuro objeto)* están atrapados bajo las cadenas de una voluntad de poder represora y omnipresente (la modernidad y su ideología de progreso y mercado) que interviene, desde una posición de ausencia presente, tanto en el sujeto como en su deseo pero que se abre a una promesa (la promesa del saber que se inscribe o deja traslucir esa mirada fascinada) en esa apertura final de la sutura: el sujeto espectador se convierte a la vez en sujeto de la narrativa y en el portador de la razón crítica contenida en ella. Ya no es necesaria, entonces, la palabra «FIN» sobre la pantalla porque el film se continúa, interminablemente, en esa mirada espectadora que actualiza la significación de la última escena, donde la cámara juega con la perspectiva y con el espectador al enfocar la mirada de los protagonistas sobre las manos de la mujer cosiendo ('suturando') detrás del cristal, y así produciéndose la sensación de especularidad. Juego de perspectivas que apuntan, posiblemente, a la asociación entre lo imaginario y lo simbólico desde la que el espectador encontrará la significación. La sutura, que también en esta escena se refiere al imaginario y lo simbólico, «names the dual process of multiplication and projection, the conjunction of the spectator as subject with the film — which conjunction is always the terrain of any specific ideological operation of a film» (Heath 1981: 109). Y así la narratividad se impregna de una temporalidad contemporánea que integra todas las temporalidades posibles. A este respecto, Heath nos recuerda que «there are multiple times between spectator and film [...] but the film, classically, is always brought into time with its significant flow, its balance, its narrativization; producing thereby its essential contemporariness — constantly with you for you, moving you with it in its narrative image» (ibíd.: 108).

El film se cierra con un acto puramente terrorista, que, en su relación con las dos historias precedentes —*El discreto encanto* y *El fantasma*—, encuentra su historicidad precisamente en la escenificación de un presente no-contemporáneo a sí, de un presente que se constituye desde la multiplicidad temporal, cada uno de cuyos tiempos está igualmente presente en una radical simultaneidad. Si, como recordamos, en la primera película de la trilogía esto se conseguía a través de ciertas intransiciones de lo real a lo onírico, de lo fechado enfáticamente a lo 'siempre presente' del fantasma, y, en la segunda, a través de las historias incompletas, de la continuidad desbordada entre temporalidades alejadas (1808-1968), en esta última surge de su narrativa convencional, típicamente moderna, donde el relato se construye a través de la superposición del relato de memoria (*flash-back*) y presente. De la conjunción de todas ellas emerge ese presente no-contemporáneo a sí (Derrida) al que Benjamin le adjudica la capacidad de conocimiento (el 'arresto') y, por tanto, la posibilidad de ser comprendido históricamente:

> To thinking belongs the movement as well as the arrest of thoughts. Where thinking comes to a standstill in a constellation saturated with tensions — there the dialectical image appears. It is the caesura in the movement of thought. Its position is naturally not an arbitrary one. It is to be found, in a word, where the tension between dialectical opposites is greatest. Hence, the object constructed in the materialist presentation of history is itself a dialectical image. The latter is identical with the historical object; it justifies its violent expulsion from the continuum of historical process (Benjamin 1999: 475).

La imagen dialéctica se va desbrozando desde un ordenado salón burgués, donde los sujetos sociales deambulan perdidos, sin saber, bajo las premisas de una temporalidad aparentemente cronológica pero en realidad dominada por el desorden y la a-temporalidad del inconsciente, pasando por un descampado miserable en un Toledo simultáneamente medieval y de comienzos del siglo XIX, para llegar a un París del 68, donde la juventud se rebela contra 'la libertad', tal como se podría entender ese exabrupto que *repite* ominosamente el que gritaban los ejecutados por los soldados franceses, «Vivan las caenas». Un grito, un eslogan, que cuestiona esa libertad, ya que sólo 'se aparece' a modo de fantasma (fantasma *de* libertad) y, por tanto, siempre a modo de presencia residual. Y este recorrido termina en esos dos países que lucharon entre sí por la libertad, España y Francia, pero en una actualidad radicalmente moderna, dominada por el mercado, la economía y por el fantasma de su final (a modo de víctima del terrorismo). El tríptico finaliza así, en esa última escena, con un momento de perfecta coyuntura (los tres elementos en un mismo plano), con un momento de «constelación saturada de tensiones» donde la realización (del acto, de la historia y del deseo —la promesa—) lleva a la total evanescencia. La sutura, finalmente, se hace posible en la mirada espectadora (es imposible de otra manera, tal como deja ver Conchita en su enojada expresión) donde surge la promesa del despertar a una realidad nueva, a un «punto dialéctico de ruptura» (Benjamin 1999: 464) del que emergerá el conocimiento histórico (la comprensión de la historia): «Historical 'understanding' is to be grasped, in principle, as an afterlife of that which is understood; and what has been recognized in the analysis of the 'afterlife works', in the analysis of 'fame', is therefore to be considered the foundation of history in general» (ibíd.: 460).

Quizás lo que Buñuel nos deja en la retina es, precisamente, la promesa de una novedad capaz de entretener la posibilidad de un momento histórico otro, un momento histórico que pueda acoger hospitalariamente a los oprimidos de la historia, como desearía Benjamin, y cuyo advenimiento se produciría por la destrucción de esa temporalidad que atrapa al sujeto de la modernidad, la temporalidad homogénea, vacía y lineal del progreso que impide, violentamente, un entendimiento verdaderamente histórico de la realidad.

2.

Historia(s) del presente: *Los santos inocentes* de Miguel Delibes y Mario Camus

> Las ideas de esta gente, se obstinan en que se les trate como a personas y eso no puede ser, vosotros los estáis viendo, pero la culpa no la tienen ellos, la culpa la tiene ese dichoso Concilio que les malmete.
>
> (Delibes 1981: 52)

> History is the subject of a structure whose site is not homogeneous, empty time, but filled by the presence of the now.
>
> (Benjamin 1968: 261)

I

En su excelente libro, *Politics out of History*, Wendy Brown afirma:

> Ours is a present that is hurtled into the future without regard for human attachments, needs, or capacities. A present that dishonors the past by erasing it with unprecedented speed and indifference. A present that equates the recent past with the anachronistic, with insufficient *techne* to survive. A present in which a knowledgeable politician is a policy wonk rather than a reader of political histories. A present whose inevitable and rapid eclipse is uppermost in the political consciousness of its inhabitants. How can such a present can be loved — and if it cannot be, what

> are our investments in addressing its ills? What is there to attach to in a world of such incessant and rapid transformations? (2001: 142)

La autora, interesada en analizar las prácticas políticas que emergen en lo que ella considera un momento histórico (el presente) de absoluta inestabilidad y confusión, sigue cuestionándose, a través del análisis de varios autores, las narrativas que constituyen la modernidad y que sin ser del todo obsoletas para nuestro presente, nos dice, resultan políticamente problemáticas, ya que producen consecuencias significativas para las prácticas contemporáneas de la justicia política (ibíd.: 3).[1]

Este capítulo participa de esta inquietud por un presente que parece vaciado de toda posibilidad política y sigue planteando una de las lógicas de la modernidad más conspicuas: la temporalidad que dirige el proyecto de progreso y que hace de la Historia y del discurso histórico una narrativa de progresión y continuidad en la que el pasado es algo inevitablemente perdido para el presente (es decir, sin que tenga la posibilidad de intervención política en la experiencia contemporánea) y el futuro aquel momento sin relación aparente y significativa con el presente. El análisis de *Los santos inocentes*, la película que Mario Camus adaptó de la novela de Miguel Delibes, permite hacer emerger una radical crítica a esta lógica moderna cuyo objetivo es poner en contacto significativo los tres momentos bajo los que se constituye la

1. Brown está interesada en la crítica a los presupuestos fundamentales que rigen las leyes de la modernidad y por los que todavía se guía nuestra contemporaneidad. Éstos serían, de acuerdo a esta autora: progreso, derecho, soberanía, libre albedrío, verdad moral y razón. *Politics out of History* se organiza en torno a «ciertas claves políticas que surgen de estas narrativas [...] con la pretensión de comprender críticamente la función relacional en una cierta historia política y epistemológica, de [comprender] cómo esta función ha sido interrumpida cuando la historia en sí misma comienza a titubear y fragmentarse, y qué tipo de problemáticas formaciones políticas provocan estas interrupciones» (Brown 2001: 4; mi traducción). Con esta intención trabaja con las cuestiones de moralidad, deseo, poder, convicción y progreso. Esta última le da la posibilidad de proponer (de la mano de Benjamin y Derrida) un futuro para la práctica política.

experiencia moderna del tiempo (presente, pasado y futuro) y a partir de una práctica política de la temporalidad en la que interviene la memoria como la instancia narrativa que estructura la temporalidad del film y del relato de su historia. Cambiando el énfasis del relato desde el testimonio de la víctima de la subyugación social al de la narrativización de las lógicas modernas que amparan esa subyugación (y será la tecnología de la mirada quien permita hacer este cambio), Camus activará, como veremos, la semilla política presente en el relato novelesco para hacerla funcionar en la experiencia contemporánea de los sujetos. En suma, me interesa analizar la emergencia de la conciencia histórica en el relato cinematográfico de Camus (y su traza narrativa), ya que considero que es esta conciencia la que aporta su condición política a un relato sobre los oprimidos del mundo.

A base de de la idea de que las lógicas temporales que dirigen la modernidad y la historiografía están en crisis, así como también las grandes metanarrativas históricas, y que Camus se hace cargo de esta crisis para representarla, cabe preguntarse, siguiendo a Wendy Brown, ¿cómo los momentos centrales del pasado (tales como la esclavitud, el colonialismo o el nazismo) «configuran la vida política, social y cultural contemporánea? ¿De qué manera estas historias producen, constriñen u ocupan el presente?» (2001: 141; mi traducción). Finalmente, lo que está bajo cuestión tanto en estas páginas como en la interpretación que Camus ofrece de *Los santos inocentes* es la relación política entre pasado y presente, y entre estos dos momentos con el futuro, ya que es en esta relación, y por la particularidad de esta relación, donde se dirime el tema de la experiencia contemporánea del sujeto respecto de una (posible) justicia social o, como diría Brown, de una justicia política.

II

Partiendo del diferente final al que da lugar la historia de Azarías, 'el loco' de la historia de *Los santos inocentes* (Miguel Delibes, 1981), en el film homónimo de Mario Camus (1984), conviene recordar que los relatos del escritor vallisoletano son especialmente interesantes y propicios para ser trasladados a otros sistemas artísticos y semióticos. Miguel Delibes parece escribir desde unas estrategias narrativas perfectamente asimilables para la estructura del relato fílmico. ¿Cuál podría ser la razón de ello? ¿Por qué relatos como *Cinco horas con Mario*, *El disputado voto del señor Cayo*, *El camino* o *Los santos inocentes* producen ese interés en convertirse en otros relatos, en otras historias, en abrirse a otros contextos y a otros puntos de vista? Quizás, como la crítica ha señalado, porque Delibes hace uso de un lenguaje intensamente visual y oral; porque utiliza en la mayoría de sus obras una estrategia narrativa fuertemente realista, sea ésta de tono existencialista o social (Sobejano); porque manifiesta en todas sus obras un gusto especial por el relato de vidas y sujetos sencillos, fácilmente identificables por el imaginario social; porque recrea y describe ambientes familiares a nuestra cotidianeidad; finalmente, y tal vez lo más importante, porque sus historias muestran una intensa carga social y ética que permiten una variedad de interpretaciones además, por supuesto, de una clara postura identificatoria por parte del lector.[2] Todos estos elementos son los que podrían hacer que Mario Camus, Ana Mariscal, Josefina Molina o Antonio Giménez Rico encuentren desafiante llevar a la pantalla los textos de Delibes.[3]

2. Algunos de los trabajos que se han dedicado a esta novela y/o a la adaptación de la novela al cine se deben, entre otros, y la bibliografía es amplia, a Carmela Hernández García, Susan Martin-Márquez, Yvette Márquez-Pribitkin, María Luisa Martínez y Patricia Santoro. Véase también el dossier dedicado a Miguel Delibes de la revista *Siglo XXI* donde aparecen interesantes trabajos de Sobejano, Pope, Villanueva y Navajas, algunos de los participantes en la inauguración de la Cátedra Miguel Delibes celebrada en el Graduate Center de la City University of New York en el 2002.

3. Ana Mariscal, *El camino* (1963); Josefina Molina, *Función de noche* (1981), basada en la novela *Cinco horas con Mario*; Antonio Giménez Rico, *El disputado voto del señor Cayo* (1986). Aunque resulta ajeno a esta reflexión, es claro que este tema también da pie a invertir la pregunta, tal y como lo hace el crítico de cine Dudley Andrew, para así reflexionar sobre el papel de la adaptación cinematográfica: «How does adaptation serve the cinema? What conditions exist in film style and film culture to warrant or demand the use of literary adaptation?» (1984: 104).

En este sentido, si bien es cierto que cuando nos acercamos al fenómeno de la adaptación cinematográfica de obras literarias lo hacemos, casi siempre, con la intención de indagar si tal adaptación ha sido fiel al relato literario, en general la traducción de un sistema a otro suele producirse bajo el impulso de la diferencia.[4] Es decir, partiendo de una misma historia, la adaptación fílmica siempre y necesariamente traduce el texto original en un texto que cuenta otra historia o que, al menos, modifica su significación desde un marco o una perspectiva diferente. El mismo relato se convierte así en otra historia que ofrece una nueva interpretación y una nueva mirada crítica. Podríamos entonces afirmar que el texto literario sirve como excusa, o sólo como narración original, para desde ella construir un nuevo espacio de significación añadiéndole 'algo' que lo convierte en otra historia. A este respecto, Antonio Monegal afirma, en su artículo sobre la adaptación, cuando habla de lo que él llama la economía del préstamo:

> Pero como cada texto [el literario y el fílmico] está hecho de su propia textura, y el sentido no preexiste al texto, sino que es producido por éste, podemos anticipar que en el proceso de *traslación* de la literatura al cine el sentido del texto ha de distorsionarse necesariamente [...]. En la mayor parte de los casos lo que se está adaptando no es el texto literario, sino un relato extraído de éste, una especie de esqueleto narrativo que sirve de paráfrasis (1994: 186; énfasis del autor).

Miguel Delibes, escritor que vive bajo el signo de la modernidad, escribe novelas especialmente adecuadas para ser traducidas al lenguaje cinematográfico. De hecho, parece producirse una perfecta simbiosis entre el lenguaje delibeano y el lenguaje cinematográfico; una adecuación que dice tanto de la novela y del sistema de valores que incorpora (sean éstos ideológicos o estéticos) como del texto fílmico

4. Sobre la adaptación véase Monegal (1993). Si bien el libro se centra específicamente en la obra de Buñuel, aporta interesantes reflexiones teóricas y crítica sobre el tema de la adaptación. Véase también Andrew (1984).

que la traduce y la modifica en su puesta en escena (por muy fiel que sea a su original), para representar el (mismo) mundo y la (misma) realidad pero ahora desde otra mirada y otro ángulo. A este respecto, cabe destacar que Camus es muy fiel al relato de Delibes:[5] no añade prácticamente ningún elemento nuevo a la historia, con la excepción de fantasear —a partir de los deseos en el relato novelesco de Paco el Bajo y Régula— sobre el futuro de Quirce y Nieves. El cambio más profundo procede, en realidad, de la modificación estructural de la historia en el film. En éste se sustituye al narrador omnisciente y desconocido, ajeno a la historia por tanto, por lo que parece ser, de acuerdo a la focalización de la cámara sobre los rostros de los personajes (en un intenso *close-up*), el momento en que comienza cada una de las memorias, sus recuerdos durante la vida en el cortijo; la memoria es, entonces, el texto narrativo que adopta la película sin por ello dejar de tratarse de un relato eminentemente sobre el presente. De hecho, y según Andreas Huyssen, «[e]l estatus temporal de cualquier acto de memoria es siempre el presente y no, como alguna ingenua epistemología pueda creer el pasado en sí, incluso aún cuando la memoria es, en un sentido misterioso, dependiente de algún evento o experiencia pasados» (1995: 3; mi traducción). Los personajes, su memoria, dan entrada a los diferentes espacios sociales del relato y a la relación entre los personajes, de tal manera que el relato fílmico encuentra su marca histórica en el proceso mismo del relato. Por otro lado, los diálogos de los personajes de Camus son extraordinariamente fieles a los de los personajes de Delibes.

Delibes, como ya nos tenía acostumbrados, elige el realismo para efectuar, como afirma Gonzalo Sobejano, «una exploración crítica de las circunstancias histórico-sociales de la España actual» (2003: 217); o, según Darío Villanueva, para hacerse partícipe de esa «literatura comprometida, políticamente militante, según pautas de una poética precisa: el realismo socialista» (2003: 159), que surge en España durante los años cincuenta y al que Delibes añade, según el mismo crítico, un «inequívoco fundamento cristiano» (ibíd.: 160). Este rea-

5. Sobre la cuestión de la fidelidad en la adaptación, véase Andrew (1984).

lismo, de fuerte corte neorrealista italiano, y con un gusto claro hacia la utilización de la imagen visual, es quizás uno de los factores más importantes que permite a sus textos ser tan favorables para la traducción fílmica. La influencia del cine contemporáneo de la que Delibes es partícipe, como nos recuerda Sobejano, se refiere sobre todo «a una asimilación de la enorme capacidad del séptimo arte para plasmar la realidad exterior y la más íntima» (2003: 433). Es decir, Miguel Delibes escribe desde una estética realista muy cinematográfica (Hérnandez-García 1996-1007: 241), lo que facilita la adaptación. Y a partir del uso de la más característica tecnología de la era moderna, la destinada también a convertirse en el más adecuado medio de 'representar' el tiempo, nuestro director privilegia, sin deshacerse ni un minuto de esa mirada realista que le ofrece la novela, representar aquello que parecería irrepresentable: el tiempo.[6] De tal forma, el aparato cinemático imprime en ese realismo (en esa representación de la realidad) la firma de la temporalidad (su índice), haciendo del tiempo un elemento intrínseco de la narrativa, ya que éste le proporciona una marca existencial que se constituye como la causa de la experiencia traumática de los personajes. Más aún, si consideramos que el conflicto de clase social que forma el núcleo de la historia se debe fundamentalmente, como analizaremos, a la convivencia simultánea de temporalidades discontinuas y antagónicas (la feudal y la moderna), responsables del desenlace violento con el que nos deja la novela, la temporalidad deviene 'palpable' o 'visible' en el film a través de la entrada de la memoria como estructura narrativa. Como recuerda Huyssen: «The past is not simply there in memory, but it must be articulated to become memory» (1995: 3).[7] Camus, desde la tecnología del aparato y recurriendo a una estructura de secuencias organizadas por los retrocesos de memoria (*flash-back*) de los personajes, así como al uso de primeros planos (la entrada en la memoria de los per-

---

6. Para una excelente reflexión sobre la representabilidad del tiempo y, específicamente su representabilidad en el cine, véase Doane (2002).
7. «El pasado no está simplemente ahí, en la memoria, sino que debe ser articulado para volverse memoria» (mi traducción).

sonajes), registra el tiempo para hacerlo reconocible y legible.[8] La imagen temporal deviene así dialéctica (es decir, el pasado se reconoce y se lee en el presente) y el pasado recupera, entonces, su historicidad o, en otras palabras, su condición de posibilidad histórica.

II

Como consecuencia de la adaptación y de la traducción al lenguaje visual del celuloide, las novelas de Delibes, y particularmente *Los santos inocentes*, son transformadas, distorsionadas e interpretadas por los directores. En este sentido, lo que interesará destacar es el hecho de que un director de cine comprometido con la realidad contemporánea, Camus, y un escritor con una larga trayectoria de relato social a sus espaldas, Delibes, presentan desde razones críticas diferentes una inquietante reflexión sobre la violencia social y, más específicamente, sobre la subyugación de los sujetos a manos de una clase social poderosa, a través de un pensamiento de lo temporal completamente distinto pero complementario, el segundo (el que se articula en la adaptación cinematográfica) surgiendo directamente de la condición de traducibilidad del primero.[9] Me refiero, claro está, a que Delibes deja

8. Susan Martin-Márquez analiza en detalle el uso de la cámara y las estrategias cinematográficas que Camus utiliza para ayudar a la construcción del significado del relato y la caracterización de personajes y escenas. Véase especialmente «La óptica del optimismo en *Los santos inocentes* de Mario Camus» (1991).

9. De hecho, Dudley Andrew afirma que la adaptación cinematográfica es «la apropiación de un significado de un texto anterior» y, continúa: «The hermeneutic circle, central to interpretation theory, preaches that an explication of a text occurs only alter a prior understanding of it, yet that prior understanding is justified by the careful explication it allows» (1984: 97; «El círculo hermenéutico, central a la teoría de la interpretación, mantiene que la explicación de un texto ocurre sólo después de una comprensión previa de él, aunque esa comprensión previa está justificada por la cuidadosa explicación que éste permite»; mi traducción). Esto es lo que hace Camus quien, como veremos, parte del final (el asesinato de Iván a manos de Azarías) para continuar el relato (retomándolo casi al pie de la letra) y darle un futuro a los personajes. Es decir que el

abierto el final de su historia exigiendo a su lector establecer un juicio y dar una salida (ética, moral) al acto criminal de Azarías. Es decir, el final de la novela exige una intervención lectora que, sin apartarse de la historia original, la interprete y/o la continúe.

Efectivamente, *Los santos inocentes* cuenta la historia de la familia de Paco el Bajo, compuesta por su mujer, Régula, sus cuatro hijos, Quirce, Rogelio (este último no se incluye en la película), Nieves y la Niña Chica, quienes trabajan realizando diferentes labores para los señores de un cortijo (el cual habitan, aunque en sus márgenes), el señorito Iván y su madre la marquesa. En esta familia, siervos de la clase terrateniente castellana, cada miembro tiene su papel bien definido: Paco hace las labores de secretario («perro sabueso») para el señorito Iván durante la época de caza, Régula abre el portón del cortijo, Nieves trabaja como sirviente en la Casa Grande (para los encargados de la finca, Pedro y doña Pura, cuando no están sus señores, o para la marquesa cuando ésta viene al lugar) y Quirce trabaja en las labores del campo. En cuanto a la Niña Chica, es paralítica y disfuncional; se comunica mediante unos terribles gritos que se parecen más a los de un animal que a los llantos de una niña. Como parte de la familia también está Azarías, el hermano retrasado de Régula que, después de haber trabajado y vivido durante toda su vida en un cortijo vecino, la Jara, su amo lo echa por estar viejo y lavarse las manos en su propia orina, por lo que tiene que irse a vivir con la familia de su hermana. El relato hace, pues, una presentación de corte naturalista entre las dos clases sociales y se centra en las relaciones de poder y opresión entre estas gentes y, particularmente, en los actos de injusticia cometidos por los señores hacia sus criados.[10]

---

final de la novela se convierte en el comienzo de la historia narrada en el film. Sobre la cuestión de cómo el relato usa el tiempo, véanse Martin-Márquez y Santoro, quienes trabajan de forma interesante su uso en este relato.

10. En realidad, como afirma Martin-Márquez (1991), la novela presenta las relaciones entre tres clases sociales: los terratenientes, la marquesa y sus hijos, los encargados del cortijo, don Pedro y doña Pura, y los sirvientes y campesinos.

Dos de estos actos serán, al mismo tiempo, los impulsores del relato y los causantes de su núcleo central (que a su vez es el desenlace final de la novela): la crueldad del señorito Iván hacia Paco el Bajo y el ahorcamiento de Iván a manos de Azarías. Efectivamente, en un día de caza, Paco se rompe una pierna y su amo le obliga a continuar trabajando para él aun cuando la pierna rota le produce un intenso dolor y lo tiene prácticamente incapacitado. Después de rompérsela por segunda vez durante la cacería a la que su amo le obliga a ir, pese a las quejas de Paco y a las advertencias del médico, Iván se ve forzado a llevarse como su asistente a Azarías, ya que no soporta la altivez de Quirce que le mira con ojos críticos y en total silencio. En un día de caza frustrada, Iván se enfada y, por puro aburrimiento transformado en crueldad, mata al pájaro domesticado de Azarías, la Milana, bonita, a quien éste trata con el mismo afecto que a su sobrina la Niña Chica. Al día siguiente, el hermano de Régula ahorca a su señorito y la novela termina dejando a los lectores con esta escena.

Este final del ahorcamiento se convierte en la razón narrativa del relato fílmico, ya que Camus cambia radicalmente la temporalidad del relato al hacer que el asesinato sea ahora el motivo del presente narrativo, de la memoria desde el que éste se instituye, y del recuerdo que la impulsará. De este modo, el realizador transforma el crimen del presente en un evento del pasado que se irá desvelando paulatinamente a través de la puesta en escena de la memoria de cuatro personajes (Quirce, Nieves, Paco y Azarías) sobre la vida del cortijo antes de aquel acontecimiento trágico. Camus hace del presente narrativo el tiempo en que Azarías está, después del ahorcamiento, completamente enajenado en el asilo, mientras que Quirce y Nieves se han ido a la ciudad. Al hijo lo vemos llegar a ella después de cumplir el servicio militar, desde la que va a visitar a su familia, y a la hija la encontramos trabajando como obrera de una fábrica en Zafra. Por su lado, Paco y Régula están de vuelta en la Raya, donde viven los dos en absoluta soledad.[11] La cámara, como veremos más adelante, presenta, desde unos intensos *close-up*, las miradas de estos sujetos en el instante en el que se inicia el recuerdo

11. En la novela, el matrimonio y su familia vivían en la Raya al comienzo del relato.

para así articular estos momentos cargados de una fuerte significación crítica, a través de los cuales emerge una conciencia política activa capaz de abrir la narrativa al análisis, también político, de la actualidad.

Así es como el relato fílmico deja de ser estructuralmente fiel al novelesco: transforma completamente la estructura del relato al hacer que la historia del asesinato de Iván se enmarque en los *flash-back* de los personajes en lugar de contarla a través de un narrador extra diegético y de una narración sin perspectiva temporal intrínseca al relato. A diferencia de la novela, compuesta de seis 'libros' que narran la historia durante su ocurrencia (libros-capítulos que llevan los nombres de 'Azarías', 'Paco, el Bajo', 'La milana', 'El secretario', 'El accidente' y 'El crimen'), el relato fílmico reduce los capítulos a cuatro segmentos de recuerdos: 'Quirce', 'Nieves', 'Paco el Bajo' y 'Azarías', encargados de poner en imágenes sus memorias respectivas y desde sus respectivos puntos de vista. Introduce, además, un prefacio (las tres primeras escenas) en el que se ve a Quirce bajándose del tren en Zafra, vestido de militar y escribiéndole una carta a su hermana; a Nieves trabajando en una fábrica y recibiendo la carta; y, por último, a Quirce otra vez observando la pobreza de las calles mientras espera a Nieves.[12] Es entonces cuando comienza el primer libro, bajo el nombre de Quirce. Cada segmento de la película narra en un *flash-back* continuado, desde el punto de vista del personaje que le da nombre a dicho segmento y a modo de secuencia temporal parcial con una representación de tiempo lineal, una parte de la historia de la vida del cortijo, en preparación a su momento central, el asesinato del señorito Iván. Cada secuencia se inicia, pues, mediante una estrategia de asociación por identidad que ofrece tres primeros planos en encadenado del personaje que está a punto

12. Antes de los créditos, vemos una escena y una foto fija que enmarcan simbólicamente la historia por venir: a Azarías, completamente fundido con la naturaleza (en contrapunto al Azarías cautivo en el manicomio que cierra el relato) y jugando con su milana; y una fotografía fija de la familia de Paco el Bajo. Dos de los temas, entonces, que centrarán el relato: la pérdida de libertad y la historia de la familia de siervos. Para un análisis pormenorizado de esta escena, véase Martin-Márquez (1991).

de recordar y un moderado oscurecimiento de la imagen del rostro que da entrada a lo que, por esa asociación, interpretaremos como su memoria del pasado. De acuerdo a esta estructura, en «Quirce» se relata el traslado de la familia de Paco el Bajo de la Raya (lugar donde se encuentra la choza que habita la familia en total aislamiento, en el margen más alejado de las tierras del cortijo) al cortijo, donde Paco trabaja como el secretario de caza del señorito Iván cuando comienza la temporada de caza, mientras Régula se ocupa de abrir el portón de la casa a los amos, Nieves hace la labores domésticas para doña Pura en la Casa Grande (obligada por don Pedro) y Quirce ayuda en las labores de cortijo. Se introduce también en este segmento a Azarías, el hermano retrasado de Régula, que viene a vivir al cortijo de la marquesa cuando lo echan del cortijo de la Jara, en el que vivía desde que era niño. Este segmento nos presenta varias tomas de Zafra —pueblo al que llega Quirce vestido de soldado— desde la mirada crítica del protagonista (así la construye la cámara por medio de un estrecho *close-up* que exponen una ciudad empobrecida, primitiva y premoderna, habitada por sujetos entristecidos y abandonados) y a través de la cual vemos la pobreza y la soledad que reina en la ciudad donde trabaja su hermana.

Durante el segundo *flash-back*, «Nieves» (en el que, como en los otros segmentos, se recurre a la misma técnica de primeros planos encadenados y oscurecimiento de la imagen al dar entrada a la memoria), el relato se enfoca en la vida que acontece en el interior del cortijo y en las relaciones entre los señoritos. Esta secuencia muestra con más intensidad las relaciones de dominación entre señores y criados a través de la marquesa, quien trata a sus criados y a los campesinos como si fuera una señora feudal. El tercer segmento, «Paco el Bajo», se centra en la tarea de la caza y, a partir de ella, se despliega la crueldad de Iván en su trato a Paco y a los campesinos. El último retroceso del tiempo narra la memoria desde el punto de vista de «Azarías», cuando éste se encuentra encerrado en el asilo completamente alienado y recibe la visita de su sobrino Quirce que le trae un paquete de parte de Régula. La visita del sobrino pone en marcha «su» relato, dedicado a presentar el preámbulo del asesinato y el ahorcamiento, es decir, el desenlace de la historia en el texto original. En un cierre epilogar, vemos a Quirce caminando por las calles de la ciudad y, otra vez en una toma de su mirada, lo vemos observar las bandadas de pájaros en el cielo, en una réplica a las que se veían en el cortijo los días de caza.

Desde esta estructura, Camus decide que el presente narrativo de la película, así como también su final, sean el retorno del servicio militar de Quirce, la vida urbana de Nieves trabajando en una fábrica (alejada del servicio doméstico que se asocia con la esclavitud a la que estaba sometida en el cortijo), la vida de Paco y Régula en la Raya después de la muerte de la Niña Chica y la desintegración familiar (como consecuencia del asesinato del señorito Iván) con Azarías confinado en el asilo, mientras que en la novela el presente de la narración venía dado por los momentos que anticipaban el crimen, con los hijos en la casa 'deseando' un futuro, Azarías libre y con cierta esperanza.[13] Es decir, en la novela el crimen funciona como resultado y conclusión de la historia (la crueldad de Iván que da lugar a la conducta de Azarías), mientras que en el film es la causa de un presente desolador (de la separación familiar y del confinamiento de Azarías que, por tanto, consigna la imposibilidad de la realización del deseo de educación, libertad y una vida mejor en la ciudad). Mientras que la novela congela el tiempo en un puro presente incapaz de abrirse al futuro, la película, al hacer entrar la perspectiva narradora de Quirce y Nieves a través de su memoria y de sus planes de trabajo en la ciudad, pone en marcha esa temporalidad congelada para así dar entrada a una perspectiva de futuro. El ritmo natural del tiempo que la novela enfatizaba (estaciones, días y meses, todos iguales entre sí) se transforma ahora en una temporalidad marcada por el ritmo del tren, de la fábrica y de la mirada al pasado de Quirce y Nieves.[14] De este modo,

13. No olvidemos que el deseo articula en su estructura una condición de posibilidad emancipatoria. Véase, por ejemplo, Brown (2001: cap. 3). El principal deseo que recorre el relato de *Los santos inocentes* es la educación como manera de des-subyugación.

14. La mirada de los hermanos hacia el pasado muestra distanciamiento y cierta dosis de rebeldía ante la realidad violenta del campo y del servilismo en el que la familia vivía (cuestión que en la novela no podría darse debido a que la única temporalidad registrada es el presente); sin embargo, las miradas de Azarías y Paco están impregnadas de nostalgia por la pérdida (de la milana, de la familia)

el pasado adquiere sentido en y para el presente, transformándose en parte integrante de la experiencia contemporánea. De una temporalidad historicista hemos pasado, haciendo intervenir a la memoria, a una imagen dialéctica del pasado, donde las relaciones entre los 'tres modos del tiempo' permiten hacer el pasado reconocible y el presente legible.

Nos encontramos, entonces, con un tiempo 'natural' —dado por la cronología cíclica del tiempo en la novela— en contrapunto a un tiempo 'histórico' —dado por la entrada de un episodio traumático en la vida de los sujetos subalternos (o los sujetos sin parte, según la terminología de Rancière), que les obligará a entrar en *otra* temporalidad, la del trabajador proletario, ahora preso no tanto del señor feudal como de la ley del progreso—. Obviamente, este cambio estructural no sólo le permite a Camus situar la historia de una familia de campesinos viviendo bajo el yugo de la aristocracia terrateniente dentro de unas coordinadas temporales muy específicas (las de una modernidad emergente en una España todavía gobernada por tradiciones de origen feudal), sino también desvelar, simultáneamente, una intencionalidad interesada en enfatizar, poniendo en el centro del relato, la marca de una temporalidad residual capaz de traer a la superficie una realidad que, aún perteneciendo a remotos tiempos pasados, es, sobre todo, absolutamente contemporánea. La violencia de clase, la subyugación de los sujetos, la expulsión de ciertas partes de la sociedad del relato de la historia persisten vívidamente, parece querer mostrar Camus, todavía a finales del siglo XX y a las puertas de la democracia. El director, al cambiar la estructura del relato y al insistir aún más en la razón temporal que rige la vida de los personajes, da entrada a lo que Jameson se refirió, hablando de la novela histórica posmoderna, como a una simultaneidad de mundos

---

y de abandono y desolación por el presente. Si la ciudad en el presente de los hermanos abre la temporalidad hacia un futuro de mejora —que la composición fílmica deja ver como desesperanzadora, sin embargo— el de los mayores está marcado por el asilo y la Raya, espacios donde el tiempo se paraliza en un presente abyecto; es decir, en un presente fuera de toda posibilidad histórica.

múltiples «con todas sus falsas cronologías y sus inventadas crónicas y genealogías» (1994: 182-183; mi traducción). Delibes, por su parte, a través de su realismo social, afirmaba una España moderna conviviendo en el cortijo con una España aparentemente remota y desaparecida; una España actual cuyas raíces todavía estaban bien firmes en aquélla que narraban en sus cuentos Pardo Bazán o Clarín en las últimas décadas del siglo XIX. Esa España del cortijo es la misma que la descrita en cuentos como «¡Adiós, Cordera, adiós!» o «Las medias rojas», ambos escritos cuando la modernidad apenas estaba haciendo su aparición en el paisaje español.[15] Desde luego, al juzgar por el orden social similar que reina en todos estos relatos, por las relaciones que dirigen las vidas de estos sujetos, o por los personajes que perfilan plumas tan distantes en el tiempo, nada parece haber cambiado. Camus pone en relación directa y significativa esas realidades tan lejanas en el tiempo 'objetivo' pero tan cercanas en el tiempo de la experiencia.

Diríamos entonces que Delibes congela el tiempo en un presente eterno para enfatizar una razón histórica cimentada sobre el hecho de que nada ha progresado, de que la realidad no se ha inmutado desde los viejos tiempos feudales, o desde aquellos tiempos dirigidos por la entrada violenta de una modernidad que hiere la vida de los campesinos (como en los relatos de Clarín o Pardo Bazán). Camus, por su lado, al descongelar la temporalidad del relato haciendo coincidir tiempos distantes en el presente de la memoria y al hacer intervenir esa temporalidad directamente en la vida de los personajes, abre su relato a la simultaneidad de tiempos múltiples conviviendo en el pre-

15. Estos dos cuentos son excelentes ejemplos de cómo los escritores realistas del siglo XIX representaban la nueva sociedad emergente y cómo reflexionaban sobre las consecuencias de la entrada de la modernidad (la industrialización, el progreso, las nuevas tecnologías) en el campo español. Remito a mis trabajos sobre este tema: «Modernity's Violence: Clarín's Short Stories and the Occlusion of Origins» y «Regionalismo crítico y la reevaluación de la tradición en la España contemporánea» que trabaja con Emilia Pardo Bazán y su cuento «Las medias rojas».

sente narrativo (la memoria) y a una crítica de los fundamentos modernos que hacen protagónica la violencia del sistema que abdica de parte de sus ciudadanos y los convierte en los que se quedan fuera.[16] Es decir, al hacer del presente un tiempo dinámico, el tiempo de la verdad histórica, en directa y significativa interacción con otras temporalidades, la razón ética delibeana que se centraba en la violencia de clase, en su injusticia y en sus violentas consecuencias, se transforma ahora en una razón política que busca intervenir en la historia y cargar de historicidad a los sujetos que han sido expulsados de sus relatos, para así hacer visible la posibilidad de una transformación en el futuro y, quizás, hacerlos redimibles. Azarías, Quirce, Nieves y Paco intervendrán ahora desde una conciencia que pugna por 'despertar' y, como afirma Bensaïd citando a Benjamin, transformar el presente en:

> The present is the central category of an open-ended history. Freed from the myths of origins and ends, it is the time of politics that 'attains primacy over history', as strategic conceptualization of struggle and decisions: 'A historical materialist cannot do without the notion of a present which is not a transition, but in which time stands still and has come to a stop' (2002: 55).[17]

16. Una de las escenas más desgarradoras, después de haber presenciado el dolor de Azarías al perder a su milana y del consecuente ahorcamiento de su señor, es la que muestra a Quirce abandonando la choza de la Raya donde ahora viven sus padres, sin haber probado la caza con la que Paco deseaba obsequiarle: sus padres se quedan solos, separados (aún ocupando el mismo espacio) por sus íntimos aislamientos, mirándole partir y viendo cómo el hijo no mira atrás ni una sola vez. El vendaval de la historia arrasa su propia historia, llevándola, de nuevo, al afuera de la Raya.
17. «La categoría temporal central de una historia con un final abierto. Libre de los mitos de los orígenes y finales, [el presente] es el tiempo de la política que 'logra primacía sobre la historia' como conceptualización estratégica de lucha y decisiones: 'Un materialista histórico no puede pensar sin la noción de un presente que no sea una transición, pero en el cual el tiempo está suspendido y tiene que pararse'» (mi traducción).

Esta historización del presente a través de la radical contemporaneización de los tres tiempos cronológicos se articula en la mirada de los hijos quienes, con Delibes, permanecían en silencio y en la memoria de aquellos que en el libro no la tenían (los hijos, pero también Paco y Azarías). Son sus memorias convertidas en narrativa, por tanto, las que conforman una historia del presente (donde 'las cosas que han sido' adquieren sentido en el ahora). Y son ellas las que hacen central al relato el papel del progreso y la modernidad (bajo los signos del tren, la fábrica y la ciudad), el de la producción (el tiempo del trabajo) y el del Estado (el tiempo del servicio), todos ellos como elementos de clasificación e identificación policial. Progreso, producción y Estado aparecen, entonces, dirigiendo la temporalidad moderna, en contrapunto a aquella otra temporalidad feudal (la única presente en el relato de Delibes) regulada por un señor que, como representante de Dios en la tierra, mantenía el orden divino intocable, inamovible y, en definitiva, inmemorial. A estas tres instancias se les une el espacio urbano, capaz de abrir el horizonte a la posibilidad de educación, de libertad, de trabajo liberador, etc.

Éstos serían los elementos capaces de conectar significativamente, a través de los relatos de Quirce y Nieves (sujetos situados en el cruce entre el progreso, la producción y el Estado) las tres temporalidades que producen una razón histórica políticamente comprensible, como diría Bensaïd: «Hay tres modos de uno y el mismo tiempo que está triplemente presente: 'un presente de las cosas pasadas, un presente de las cosas presentes, y el presente de las cosas futuras'. El presente redistribuye el significado, analiza el campo de lo que es potencial desde una perspectiva ventajosa de sus 'quizás' e inventa nuevas oportunidades» (2002: 55; mi traducción).

III

El momento del asesinato da lugar, como hemos visto, a los tres momentos temporales en activa relación: el presente absoluto y sin un afuera de la novela se convierte ahora en el pasado, el presente del film se corresponde a una especie de futuro de pasado o futuro anticipado que en la novela se podía percibir a través de los deseos de los personajes, y el futuro se articula claramente en la mirada de los jóvenes, a través de la cual se muestra a dónde se dirigen sus vidas. En la película es este futuro, desolador bajo la mirada de Quirce, el que cierra el relato.

El cambio de estructura temporal dada por los dos finales tan diferentes permite afirmar que, mientras Delibes pone su énfasis narrativo en una razón ética a través de la cual se inscribe en la narrativa el momento de suprema violencia como, por un lado, un acto de pura dominación (Iván) y, por otro, de un acto de suprema libertad (Azarías) en los que se destaca la posibilidad de una justicia natural, Camus se decanta, sin dejar la mirada ética abandonada, por una razón histórico-política (la toma de conciencia de Quirce y la apertura del relato a una temporalidad dialéctica) que, además de poner también en evidencia la injusticia social, narrativiza sus consecuencias para la experiencia contemporánea del sujeto y de la sociedad. El testimonio de una verdad social (la injusticia social durante un momento específico, los años sesenta o setenta) deviene en la película imagen dialéctica capaz de capturar el tiempo de la verdad (el pasado *en el* presente) y trazar en la narrativa la marca de historicidad de un evento específico. Es decir, el relato traza y registra la marca de historicidad tanto de los sujetos como de los eventos, haciendo que ahora sí sus experiencias no estén perdidas para la historia); o lo que es lo mismo, inscribe en el relato la condición de posibilidad histórica de sujetos y eventos en una contemporaneidad que, ahora sí, se consigna como residual (anclada fuertemente en el pasado pero interviniendo poderosamente en el presente a través de la estela de sus trazas).

Para Benjamin, a quien le interesa la reflexión sobre la historia conceptualizando ésta como arresto, interrupción y catástrofe, este tiempo de la verdad sería el momento en el que nace el auténtico tiempo histórico, a lo que él llama la dialéctica en suspenso.[18] Como se recordará,

18. En el convoluto N3,1 Walter Benjamin explica la dialéctica en suspenso (*dialectics at a standstill*) como uno de los fundamentos de su noción de historia, ya que está directamente relacionada con la noción de tiempo histórico sobre el que construye su crítica radical al discurso de la modernidad y, a través del cual el

para este filósofo la verdad está indisociablemente unida a un tiempo contrapuesto al tiempo que se esconde en ese 'Érase una vez' que guía la historiografía moderna, cuyo gurú es el progreso, y a su idea de que el tiempo (historiográfico) es un espacio vacío y homogéneo gobernado por las leyes de continuidad, donde el pasado esconde una 'verdad' mítica, lejana e irrelevante para el presente. El tiempo histórico benjaminiano, por su parte, está radicalmente relacionado con el acontecimiento en la medida en que *es* su sustancia, forma parte intrínseca de tal acontecimiento (el tiempo es *interior* al acontecimiento). Se trata, pues, de un tiempo pleno, capaz de actualizar el pasado en el presente, capaz de citar el pasado a través de un acto de legibilidad. De ahí que la temporalidad histórica de Benjamin es interna e interior al acontecimiento y a su acontecer, contrariamente a la temporalidad moderna y progresista cuyo tiempo le viene dado desde fuera. Para él, la verdad no es «as Marxism would have it — a merely contingent function of knowing, but is bound to a nucleus of time lying hidden within the knower and the known alike» (1999: N3, 2, 463).[19]

---

pasado deviene reconocible y legible: «Every present day is determined by the images that are synchronic with it: each 'now' is the now of a particular recognizability [...]. For while [...] the relation of what-has-been to the now is dialectical: not temporal in nature but figural "*bildlich*". Only dialectical images are genuinely historical — that is, not archaic — images. The image that is read — which is to say, the image in the now of its recognizability — bears to the highest degree the imprint of the perilous critical moment on which all reading is founded» (1999: 463; «Todo día presente está determinado por las imágenes que le son sincrónicas: cada 'ahora' es el ahora de un particular reconocimiento [...]. Puesto que mientras que la relación del presente al pasado es puramente temporal, la relación de lo que-ha-sido al ahora es dialéctica; no temporal en naturaleza sino figurativa "*bildlich*". Sólo las imágenes dialécticas son genuinamente imágenes históricas — es decir, no arcaicas—. La imagen que se lee —es decir, la imagen del ahora de su reconocimiento— revela al más alto grado la huella del peligroso momento crítico en el que toda lectura se funda»; mi traducción).

19 «[La verdad] no es —como el marxismo cree— una función meramente contingente, sino que está enlazada a un núcleo de tiempo que permanece oculto tanto en el conocedor como en lo conocido» (mi traducción).

Desde este punto de vista, en la medida en que el tiempo es central al conocimiento, puesto que se relaciona de manera significativa tanto al sujeto como al objeto de tal conocimiento (para que el objeto —el pasado— pueda ser leído, comprendido y citado en el presente de manera que se constituya como *el* tiempo de la verdad); en la medida en que ese tiempo es pleno por ser intrínseco al acontecimiento; en la medida, finalmente, en que la imagen fílmica transforma radicalmente la estructura del relato para cargarla de trazas temporales, de manera que un relato cuya temporalidad está congelada en un presente vacío (el de Delibes) deviene relato de memoria; en esta medida, entonces, lo importante de las intersecciones y de las diferencias de estos dos sistemas de narrar no reside tanto en lo que la adaptación fílmica mantiene de su inspiración original sino en aquellos elementos nuevos (el trabajo sobre la temporalidad) introducidos por la mirada novedosa de la cámara que modifican radicalmente el sistema de valores que el texto novelístico había inscrito.

De este modo, el nuevo relato surgido de la adaptación es también un relato eminentemente original: presenta, por su traducción y en su interpretación del texto base, otra posición ideológica y/o estética que complementa y suplementa el texto original. Tal posición ideológica se inscribe precisamente por la entrada en la narrativa de una temporalidad dialéctica que construye una mirada hacia la realidad histórica y social radicalmente diferente, ya que esa temporalidad dialéctica cuestiona, además de la injusticia social, la manera en que la historia se hace cargo de un pasado que habita también, produciendo efectos, el presente. Así, si Delibes está presentando en su historia una España anclada en un sistema social feudal (muy apropiado para pensar, por ejemplo, la experiencia de vida bajo el franquismo y la subyugación a la que los sujetos subalternos están sometidos), Camus plantea la historia en el marco de una sociedad plenamente moderna (representada enfáticamente por el tren, la fábrica, la ciudad como espacio utópico), donde lo feudal funciona como residuo que interviene violentamente en la contemporaneidad. De este modo, la temporalidad moderna se abre, en el giro crítico de Camus, a sus múltiples temporalidades, que obviamente permanecen ocultas en la discursividad moderna, ya que ésta está cautiva de la lógica del tiempo único y lineal, con la intención de mostrar que esa contemporaneidad es el lugar de la experiencia histórica, allí donde el evento social (la injusticia opresora, en este caso) se carga de historicidad. El énfasis cinemático en la transición a una sociedad moderna —de la mano de Quirce y Nieves, quienes, desde su posición en la fábrica, en el ejército y en la ciudad dan entrada al futuro y al pasado como momento de significación para la experiencia del presente— modifica, incluso, la razón ética que subyace al relato en la medida en que ésta se suplementa ahora con una mirada activamente política ante esa (misma) historia.

Al construir un presente que hace honor al pasado, Camus hace de lo político un suplemento necesario para la razón ética, capaz de proyectar un reflejo devastador de lo que una sociedad moderna y en transición puede producir en sus sujetos en la experiencia del *ahora*. De este modo, la práctica histórica que el film implementa es la de inscribir en la narración (a través de esos retrocesos temporales que se presentan con un intenso *close-up* de los rostros de los personajes) la marca de historicidad de los relatos, de tal forma que el relato anclado en un pasado partido deviene *un pasado-presente en devenir*, donde lo que se privilegia no es tanto el pasado en sí mismo como la relación significativa y mutuamente informativa entre lo tiempos cronológicos (pasado, presente, futuro). Benjamin llamaría a esto la relación de «lo-que ha sido al ahora», de tal manera que una relación meramente temporal pasa a convertirse en una relación dialéctica y, por eso mismo, no arcaica.[20]

A través de este interesante giro narrativo y estructural (debido principalmente a la utilización del *flash-back* y a una estructura secuencial de la narrativa fílmica), Camus hace emerger en el relato de *Los santos inocentes* la semilla que Delibes había plantado al dejar su relato totalmente abierto en ese corte radical de la historia (el momento mismo del asesinato) y de un presente absoluto, y lo trans-

20. Puede encontrarse esta afirmación y su explicación en *The Arcades Project*, particularmente en el convoluto N, «On the Theory of Knowledge, Theory of Progress».

forma en una historia actual e inmersa en una experiencia donde el pasado deviene un presente-futuro o, lo que sería lo mismo, en una historia con final de apertura eterna.[21] En este sentido, Gabriel Salazar, historiador social chileno afirma al hablar del rol de su disciplina en la contemporaneidad:

> La historia social [...] se funde también con una historicidad que no está proyectada hacia el pasado sino más bien hacia el futuro, la historicidad del tiempo presente. Por tanto, ningún proceso queda cerrado definitivamente y la historicidad no se convierte en un conjunto de hechos ya ocurridos que se cosifican (como le gusta a algunos historiadores), sino que más bien se plantea como un conjunto de hechos por hacer, por tanto de proyecciones de la sociedad (Aravena Núñez 2006: 1).

Paradójicamente, entonces, es el relato constituido a partir de la memoria el que transforma una historia *de* presente absoluto (con una temporalidad externa a su propio acontecer y, por tanto, sin índice de historicidad) en una historia *del* presente, donde la marca de la historia emerge precisamente en la actualización del pasado y en su proyección al futuro. La modernidad liberadora que aparece en el film como deseo del sujeto bajo el yugo feudal (los deseos de Paco y Régula de que sus hijos se eduquen y puedan tener un futuro mejor) se pone en entredicho al dejarse ver sus efectos violentos en un presente que camina, bajo la desolación capitalista —reflejada en la mirada de Quirce a la pobreza que le rodea en la ciudad y de la que la cámara se hace reflejo para transmitirla al espectador— hacia un futuro incierto. Quizás, de hecho, este suplemento político por el que se produce la emergencia de la historicidad en el relato es lo que le dé a un texto desesperanzador (el de Delibes) una posibilidad de apertura, aunque ésta sea de tinte melancólica (Camus).

---

21. Con la idea de que Camus temporaliza el relato también me gustaría indicar que su relato cinematográfico hace un esfuerzo consciente por 'representar' el tiempo a través, precisamente, de su estrategia narrativa, la memoria, y así abrir el relato no sólo a su condición política, sino también a su dimensión radicalmente crítica de la modernidad y de su ideología del progreso.

IV

Las diferencias en la representación de tiempo no obvian, sin embargo, los elementos de fidelidad sobre los que el film se construye. *Los santos inocentes* relata en sus dos narrativas el despertar del sujeto-masa, el grito humanizante o el despertar de un sujeto convertido socialmente en un no-sujeto. Si bien Azarías llegará, tras sufrir un extremo abuso, a la culminación de su historia de víctima, no es él único en experimentar esta historia de abuso, ya que lo hace junto al resto de su familia y de su clase social, viviendo en perpetua agonía bajo un despiadado, insidioso y progresivamente creciente ejercicio de violencia cotidiana, siempre velada bajo la careta de la caridad cristiana y el paternalismo de que son objetos.[22] Ese grito humanizador que señala la conciencia de injusticia y de dolor, al mismo tiempo que rompe el silencio con el que sobrellevan pacientemente la situación, estalla cuando el señorito Iván mata a la 'milana, querida' de Azarías. Por ese crimen, por esa respuesta violenta hacia la violencia, el santo inocente deja de ser un sujeto subyugado para convertirse en animal-humano, poderoso y con conciencia de injusticia, ejerciendo con su acto de violencia, una conducta de suprema libertad.[23] Delibes finaliza la historia con el triunfo de la ley natural (la ley del ojo por ojo, o de la venganza como resistencia ante el comportamiento injusto) y, por tanto, en su relato parece haber un deseo de enfatizar ese momen-

22. En la escena en que la familia llega al cortijo para celebrar la primera comunión de su nieto, la marquesa muestra ejemplarmente su conducta feudal repartiendo dinero entre sus súbditos y saludándolos, más adelante, desde el balcón al modo en que lo hacía Franco cuando salía a saludar a los españoles y a dejarse aclamar por la multitud.

23. Quizás este grito y esa conducta en respuesta al acto de injusticia pueda considerarse un acto de subjetivización política, es decir, un acto de igualdad o, en palabras de Rancière, «el tratamiento de un daño —de gentes que están juntas, por mucho que estén entre—. Es un cruce de identidades que descansan sobre un cruce de nombres: nombres que ligan el nombre de un grupo o de una clase en nombre de lo que está fuera-de-cuenta, que ligan un ser a un no ser o a un ser-por-venir» (2006: 22).

to como *el* momento de voluntad del sujeto, el momento de la igualdad (de la emancipación). Al mismo tiempo ofrece el testimonio de realidad social guiada por una modernidad adoptada y dirigida desde los presupuestos, todavía inamovibles y sin entrar en contradicción, de un sistema de gobierno feudal. Los sujetos sin parte no tienen agencia, están en el afuera, y Delibes representa su condición de sujetos a-históricos.

Camus resta protagonismo a la ley natural al hacer que Azarías sea ingresado/castigado en un asilo, de tal manera que su énfasis se separa del minuto de libertad del sujeto para situarse en la perpetua sumisión que le impone la ley social; es decir, retrata no sólo un hombre dominado y encerrado bajo el violento sistema de las instituciones disciplinarias del Estado, sino también, y esto es lo sobresaliente, el fracaso absoluto de la voluntad popular de mantener un espacio, por breve que éste sea, de libertad, ya que la familia de Régula ha sido, final e inevitablemente, encerrada en un asilo sin que ella tuviera ninguna posibilidad de impedirlo. Reflexiona, además, sobre los efectos violentos que el rastro de esa violenta modernidad va dejando en los sujetos sociales y *muestra* sus efectos en los sujetos y en la historia.

Vemos entonces cómo el primer paso de la crítica, el acto del testimonio o de la representación de la víctima como tal, da entrada a un segundo paso crítico con la desestabilización de los fundamentos de la ideología dominante (la modernidad) para así presentar, por un lado, las dinámicas por las que el sujeto subyugado nunca llega a ser dueño de su propio tiempo, ya que ellas los expulsan del relato de la historia y, por el otro, la posibilidad de historizar el evento y, en esa medida, de devolver la condición histórica a los sujetos a través de una práctica política de la memoria. El deseo político en Camus se traza, por tanto y precisamente, a partir de la a-historicidad delibeana, ya que ella registra la índole fantasmática de la condición histórica en su relato (es decir, éste marca la traza de su ausencia) que el director transformará en la temporalización del relato y, como consecuencia, en la memoria y su práctica política.

Efectivamente, sin circunscribir el relato a un marco histórico específico, sólo interesado en articular una mirada poético-ética a las relaciones entre la ley de la naturaleza y la ley social y en el desarrollo pausado de unos sucesos que van a llevar a un desenlace trágico por la acumulación de violencia, Delibes construye su relato apresado en un presente en el cual la España contemporánea se muestra como una sociedad premoderna, aislada y autoritaria, y en la cual las relaciones entre los sujetos y las clases sociales se estructuran a partir de la fuerza de un poder feudal capaz de mantener a sus súbditos en una posición de esclavos vital, laboral y afectivamente enlazados a los deseos y a la voluntad del amo. Por su lado, Camus, en esa interpretación política de un relato que enfatiza lo ético al situar el relato en unas coordinadas histórico-sociales específicas, modifica radicalmente su razón crítica abriéndola a una temporalidad moderna; es decir, a una temporalidad posfeudal donde el presente adquiere sentido únicamente en su vínculo con el futuro, donde lo que marca violentamente las vidas de los sujetos es su relación con una sociedad que se define por su apertura al progreso y al desarrollo industriales y, con él, al desamparo del individuo, a su alienación de la comunidad y, finalmente, a la pérdida del lugar comunitario.

Éste es, sin duda, el final que se refleja en las caras de Quirce y Nieves cuando dejan el pueblo, salen de la fábrica o miran a los niños pobres jugar en la calle. El protagonista de Delibes, Azarías, cede así su protagonismo a sus sobrinos Quirce y Nieves, quienes establecen la temporalidad de la narración desde el recuerdo, una vez que el primero finaliza sus quehaceres patrióticos en el Ejército y se dispone a hacerse parte de la vida urbana, lejos de su familia, y que la segunda decide —y así se lo comunica a su hermano— quedarse en la ciudad y trabajar en la fábrica.

De este modo, con el cambio de la estructura narrativa y de un narrador en tercera persona a una memoria personal (aunque también colectiva, ya que el relato aparece en toda su complejidad a partir de la acumulación de cuatro memorias que se van sumando hasta encontrar su condición de relato con principio, desarrollo y final), el asesinato del señorito Iván es sustituido por la posición melancólica de Quirce y su hermana Nieves en la vida moderna, por la expulsión de Paco y Régula, y, además, por la absoluta alienación de

Azarías, al que se le ingresa en una de las instituciones de control más crueles de las sociedades modernas, el asilo.[24] La película ha dado, como dice Susan Martin-Márquez, un futuro a los santos inocentes (1991: 500): no sólo muestra las consecuencias del asesinato sino que revela simultáneamente el futuro al que se encamina la generación joven de la mano de la modernidad, ya que el acto de justicia se ha transformado en otro donde se anticipa un futuro triste y desolador para la pareja de hermanos, inmersos en un paisaje ocupado por las fábricas, el Ejército, la pobreza y, finalmente, la alienación del sujeto. La ley natural, vencedora en la novela (como ya se anticipaba que pasaría en la dedicatoria al naturalista Félix Rodríguez de la Fuente), es sustituida por la ley histórica de la modernidad, que arrasa con los sujetos y les impone una temporalidad ajena. Las caras de los personajes reflejan las consecuencias, precisamente, de esa ley histórica moderna a la que el sujeto parece estar doblegado: soledad, silencio, incertidumbre y, sobre todo, desintegración de la familia (de esa familia que, a pesar de ser pobre, posa orgullosamente para la foto).

El texto de Camus, que inscribe como su imagen dialéctica el momento de la catástrofe, el asesinato en respuesta a la crueldad, se hace eco de las palabras que Foucault pronunciaba en 1976 ante su auditorio del Colegio de Francia:

> La ley igualitaria de la naturaleza es más débil que la ley no-igualitaria de la historia. Es por eso natural que la ley igualitaria de la naturaleza

24. Entiendo que la melancolía de Nieves y Quirce no proviene tanto de la pérdida de un objeto (su pasado en el cortijo, en este caso) como del conocimiento anticipatorio de que nunca podrán apropiarse de lo que es, desde siempre, inaccesible (la igualdad, la subjetividad, el espacio de pertenencia). Es decir, existe una pérdida originaria, ya que, en realidad, nunca hubo una posesión (y en consecuencia, tampoco, *en realidad*, una pérdida). De ahí que ya en la novela, donde como hemos visto no se produce una temporalización del relato, estos personajes *ya* aparezcan descritos con los signos de la melancolía, magistralmente registrados en la escena donde los padres, Paco y Régula expresan el deseo de educación de los hijos.

haya cedido —de forma permanente— a la ley no-igualitaria de la historia. Ello se debió a que era primordial que el derecho natural no era, como pretende el jurista, fundacional. Fue preclausurada por el vigor más fuerte de la historia. La ley de la historia es siempre más fuerte que la ley de la naturaleza (2003: 157-158, mi traducción).

La ley igualitaria de la naturaleza, que nos presenta a Azarías como el único personaje libre de la novela, sucumbe, sin embargo, en la versión cinematográfica a la ley no-igualitaria de la historia al hacer que éste ingrese en el asilo. O a la acción policial del Estado. Ya mencionamos antes que Delibes hace afirmar de forma rotunda a Régula: «ae, mientras yo viva, un hijo de mi madre no morirá en un asilo» (1981: 109). El relato fílmico, contrariamente a lo que ocurre en la novela, parece negar cualquier posibilidad de redención para los personajes. Azarías acabará, ahora sí, como un animal silenciado, sin voluntad, detrás de unas rejas, mirando sin ver ese crucifijo que le envía Régula. Ésta, junto a su marido Paco el Bajo, completamente aislada y alienada en una choza situada en el afuera del mundo (la Raya) y, finalmente, Quirce y Nieves, comenzarán una nueva vida en una urbe industrializada, donde el imperio de la producción los alienará, a ellos también, de la comunidad. El vigor de la historia, el vendaval de su Ángel, arrastra a sus sujetos, dejando los destrozos apilados a sus pies (Benjamin 1968: 257-258).

Sin embargo, al hacer del presente un tiempo pleno (el tiempo de la verdad), Régula, Paco el Bajo, Azarías, pero también Quirce y Nieves, sí entran en el vendaval de la historia, aunque sólo sea como sujeto «entre-dos», ya que tienen memoria y, a través de su puesta en escena (el recuerdo), llegarán a tener la posibilidad de que la historia los redima.[25] Estos personajes, entonces, pasan a convertirse, desde

25. «Un sujeto es un *in-between*, un entre-dos. *Proletarios* fue el nombre "propio" de gentes que estaban *juntas*, por mucho que estaban *entre*: entre varios nombres, estatus o identidades; entre la humanidad y la inhumanidad, la ciudadanía y su negación; entre el estatus del hombre de la herramienta y el del ser hablante y pensante» (Rancière 2006: 23). Mi impresión es que *Los santos inocentes*

una identificación completamente policíaca en la narrativa fílmica (no dejarán de ser los pobres y los locos del mundo, los *in-between*), en las ruinas que la historia del progreso y el desarrollo deja a su paso. Son estas ruinas lo que a Camus le interesa traer a la superficie y narrativizar en un relato intensamente temporalizado desde la presencia de la memoria para dar entrada al presente de la historia. La salvaje temporalidad de Camus, su insistencia en 'representar' el tiempo, habla de la necesidad política de devolverle sus coordenadas temporales a la historia des-fetichizando el pasado como el momento histórico por excelencia. Los personajes de Delibes eran esclavos; los de Camus son sujetos modernos que entrarán en la historia como sus destrozos.

III

La reflexión sobre una mirada ética (Delibes) e histórico-política (Camus) a la realidad es, por tanto, lo que ofrecen estos dos textos de una misma historia. Para llegar a ellas, sus autores indagan en la violencia social (violencia de clase, más concretamente) como eje para pensar la realidad contemporánea, la realidad de un país que se encamina hacia una democracia plena pero cuya andadura hacia el futuro todavía arrastra las ruinas de un pasado activamente presente en la experiencia contemporánea. La novela de Delibes pretende ser el testimonio de una realidad supuestamente obsoleta todavía activamente presente «como cosa del pasado», mientras que la adaptación de Camus transforma esa presencia «como cosa del pasado» en una presencia absolutamente contemporánea, interviniendo en la experiencia del ahora y abierta al futuro. En Camus, así, el relato deviene una historia del presente destinada a darle sentido a un pasado que, por muy remoto que parezca, todavía tiene consecuencias en la experiencia contemporánea. Al mismo tiempo, el relato fílmico, escogiendo

---

representa este sujeto que no pertenece al orden de las clases (ibíd.) y que Camus hace visible esta no-categoría al aportar historicidad a sus vidas.

la memoria como su narrativa, permite cuestionar las lógicas temporales que gobiernan la modernidad. En este sentido, la película recoge una crítica a esa modernidad que Delibes establece como la realidad de la experiencia de los sujetos, esa idea de progreso y continuidad que guía el proyecto moderno, según la cual:

> El tiempo regresa, se repite y está como en suspenso: prohibido, paralizado, detenido, mientras gira en redondo. No está vivo, pero tampoco muerto en el sentido estricto, está regresando y sobreviviendo. No solamente el pasado y el porvenir caen continuamente el uno dentro del otro: a todo futuro, pronto devorado en el pasado, sucede un nuevo e idéntico presente. Pero el instante, esa encrucijada en que se cruzan futuro y pasado, y que debería distribuirlos hacia una parte y otra del infinito, se borra apenas ha llegado, mientras es a su turno transportado en la ronda del tiempo (García de León 2005: 114).

Camus ve esa imagen del pasado «cayendo el uno dentro del otro» en el acto de justicia de Azarías y lo atrapa como el momento de peligro del que Benjamin habla en sus tesis VI, a través del cual se muestra la imagen (dialéctica) del pasado para inscribirlo en el presente, para hacerlo legible e impedir que se pierda. La memoria, así entendida, es la posibilidad de rescatar imágenes que corren el riesgo de perderse ya que, como indica en la tesis V: «For every image of the past that is not recognized by the present as one of its own concern threatens to disappear irretrievably» (1968, 255).[26]

Independientemente del final que la novela de Delibes o el film de Camus le dan a la historia de Azarías y su familia, lo importante es que ambos creadores relatan una historia de opresión en el marco de una salvaje modernidad a manos de una clase dirigente que impide la posibilidad de libertad y emancipación de la población subyugada. Para que el país marche adelante esta población debe, como demuestra la historia, limitarse a ser una masa pasiva. Ya lo advertía Ortega y Gasset:

---

26. «Cada imagen del pasado que no es reconocida por el presente como propia a su interés amenaza con desaparecer de forma irrecuperable» (mi traducción).

> Cambios políticos, mutación en las formas del gobierno, leyes novísimas, todo será perfectamente ineficaz si el temperamento del español medio no hace un viraje sobre sí mismo y convierte su moralidad. Por el contrario, creo que si esta conversión se produce puede España en breve tiempo restaurarse gloriosamente, porque la sazón histórica es inmejorable. ¿Cuál es, pues, la condición suma? El reconocimiento de que *la misión de las masas no es otra que seguir a los mejores*, en vez de querer suplantarlos (1998: 114).

«Reconocerse masa»: ésa es la idea orteguiana por la que pasa la posibilidad de la restauración 'gloriosa' de España; es decir, del bienestar de sus egregios ciudadanos llevando hacia delante el proyecto modernizador. Sin ese «reconocerse masa», sin ese saberse sujeto subyugado, España será un país bajo el dominio de la barbarie. Unas décadas después de que el filósofo escribiera su *España invertebrada*, y ya muerto el dictador, Miguel Delibes ofrece al público una novela donde todavía pervive, bien instalada, una sociedad en la que la idea orteguiana no resulta en absoluto obsoleta y, además, es la que parece dirigir la marcha de la sociedad: la vieja clase aristocrática está a cargo de la vida del pueblo y guía sus vidas de acuerdo a sus intereses.[27]

---

27. De hecho, tanto la novela de Delibes como el film de Camus mostrarán de forma perfecta los entresijos de las relaciones entre los señores del cortijo y sus sirvientes, una relación que ejemplifica perfectamente, en mi opinión, el concepto de policía que acuñó Jacques Rancière en sus trabajos sobre la democracia: «Un 'poder del pueblo' es un poder aberrante respecto de la figura habitual del poder ejercido por hombres sobre otros hombres en nombre de una capacidad específica. El taller, la escuela, la Iglesia, están gobernadas por aquellos a quienes la riqueza, el saber, la elección divina, les dan título para ejercer ese gobierno. La pendiente natural de las sociedades las empuja a ser gobernadas según esa regla de ejercicio de una superioridad sobre su inferioridad. Y la pendiente natural de los gobiernos, como de quienes legitiman su poder, es pensar la comunidad política sobre ese modelo: gran familia gobernada por sus ancianos, patrimonio de la divinidad confiada a aquellos que la divinidad ha elegido, gran empresa dirigida por los expertos en el manejo de las riquezas y el cálculo de los flujos» (2006: 11). Ésta es precisamente la realidad representada en *Los santos inocentes*.

La novela *Los santos inocentes* naturaliza con intensidad y sin ambigüedades el hecho de que el hombre campesino es, todavía en plena modernidad, masa a los pies de una aristocracia rural, dueña y señora de la tierra y sus habitantes, y que está viviendo bajo el dominio absoluto de esa clase de «los mejores» a los que pertenece el destino de la nación y su progreso. A lo largo de la novela, y de su posterior relato cinematográfico, una de las frases que se leen y escuchan repetidamente es «ae, a mandar, para eso estamos», cuando el peón Paco el Bajo, o su mujer Régula, reciben órdenes de sus 'señoritos'. Asimismo, en una escena central, fuertemente ideológica y crítica de la aristocracia rural y de la clase política dirigente, se cuenta cómo el señorito Iván y su madre la marquesa, dueños del cortijo, presumen ante un grupo de invitados entre los que se encuentra un francés sobre la importante y significativa inversión que los españoles han depositado en la educación de sus 'gentes' que ahora, como pasan a demostrar haciendo a los sirvientes escribir su nombre delante de los comensales, pueden firmar correctamente con su nombre en vez de con el pulgar, como hacían antaño: «Lo creas o no, René, desde hace años en este país se está haciendo todo lo humanamente posible para redimir a esta gente» (105).

De esta manera, al contar Delibes (gran retratista de personajes y ambientes rurales) con las estrategias de un fuerte realismo social y Camus, con unas estrategias fílmicas que protegen y aumentan el realismo social del autor, ambos ofrecen una historia de acumulación de violencia cuya progresiva intensificación decantará en el asesinato del señorito Iván a manos del 'loco' Azarías cuando el primero mata a su mascota, la milana bonita, y el segundo reacciona a esa conducta de extrema violencia hacia el subordinado con una acto igualmente violento (el ahorcamiento). Este acto contradice la afirmación orteguiana y registra la humanización de Azarías, que responde con voluntad de sujeto libre al abuso clasista. En otras palabras, el relato concluye con la emergencia de, usando un término benjaminiano, un despertar capaz de poner en marcha la conciencia dialéctica de la experiencia. El momento del despertar, dice Benjamin, es el «ahora del reconocimiento» (1999: N4, 464), o sea, la experiencia dialéctica de la conciencia o, en sus términos, el despertar del sueño: «The realization of dream elements in the course of waking up is the canon of dialectics. It is paradigmatic for the thinker and binding for the historian» (ibíd.).[28]

En el momento en que Iván mata, por aburrimiento y frustración ante la falta de caza, a la mascota (la milana) de Azarías, éste toma conciencia abrupta de la injusticia arbitraria a la que su vida, que culmina en este momento, ha estado sometida. La escena recuerda a otra anterior cuando, todavía en el cortijo de la Jara, Azarías pide ayuda a su amo porque su milana está enferma. La respuesta es la risa y el desprecio de su señor. De este modo, la narración va construyendo la experiencia de la opresión como acumulación de violencia que, en el acto final, se hace excesiva, incluso para un ser sin posibilidad de razón. Ocurre lo mismo con la crueldad de Iván hacia Paco, cuando éste se ve obligado a ir de caza con la pierna rota dos veces.

Los santos inocentes refleja y narra, pues, la capacidad del ser humano de convertirse en masa, de perder su capacidad de autonomía a manos de la dominación social y de alejarse, cada vez más, de toda posibilidad de libertad cuando el sistema social en el que vive está arraigado fuertemente en la violencia de clase. Pero también registra de forma comprometida (ética y políticamente) la capacidad de ese ser humano completamente subyugado por el orden social de entrar en desacuerdo con el consenso social (según el cual ellos son seres irracionales, sólo útiles en la medida en que realizan un trabajo para las clases poderosas) y llevar a cabo, entonces, un acto político radical. Rancière diría que la acción de Azarías es un acto de negación de la identidad impuesta por el otro a través del cual le muestra que es su igual: por un momento Azarías deja de aceptar la identidad que el otro le asigna (la acción de la policía), para demostrar que, en el momento del conflicto, ocupa un lugar común al amo.[29]

---

28. «La actualización de los elementos oníricos en el curso del despertar es el canon de la dialéctica. Es paradigmático para el pensador y comprometedor para el historiador» (mi traducción).

29. En *Política, policía, democracia*, Jacques Rancière afirma: «Una lógica de la subjetivización política es una heterología, una lógica del otro, según tres determinaciones de la alteridad. Primeramente, nunca es la simple afirmación de una identidad, es siempre al mismo tiempo, negación de una identidad impuesta

Delibes, magnífico seguidor de las leyes realistas del relato, deja al lector en suspenso cuando finaliza su historia con el crimen. No juzga, no castiga o perdona; simplemente 'cuenta' y muestra. Nada más; pero tampoco nada menos, ya que en ese mostrar se articula la capacidad emancipatoria del sujeto, su posibilidad de romper el consenso y de entrar en desacuerdo, de volverse, por un instante, sujeto político. Es decir, su texto permite, consignándole un lugar, «la manifestación de un daño, una cuenta de los incontados, una forma de visibilidad de lo que se pondera no visible o sustraído a la visibilidad» (Rancière 2006: 36). Así es como el escritor da por finalizada la historia del cortijo y sus habitantes con el triunfo de la ley natural de justicia, según la cual Azarías se hace responsable de su dolor, y por ello castiga al que se lo produce injustamente. Pero dejar en el aire el futuro de Azarías y un Azarías 'emancipado' del amo tiene como resultado una activa interpretación lectora que, ya libre de la sujeción del narrador, inventa posibles finales —posibles futuros— a ese desenlace inconcluso.

La película de Mario Camus supone una interpretación de ese final: el acto político e igualitario de Azarías no puede tener duración o futuro y, en consecuencia, acaba en un asilo. Con ello se pone en evidencia, entonces, no sólo la penalización social de que es objeto Azarías sino también el fracaso absoluto de la voluntad popular y su posibilidad de emancipación.[30] Aún más, al explicitar el fracaso del

por otro, fijada por la lógica policial [...]. Segundo, es una demostración, y una demostración supone siempre otro a quien ella se dirige, incluso si este otro desecha las consecuencias [...]. [H]ay un lugar común polémico para el tratamiento del daño y la demostración de igualdad. Tercero, la lógica de la subjetivización siempre admite una identificación imposible» (2006: 23).

30. El desarrollo que Camus le da al acto de Azarías, ingresarlo en el asilo para locos, no es en absoluto arbitrario. Al contrario, emerge de forma natural de la historia de Delibes, cuando su narrador hace afirmar a Régula, cargada de convicción ante la marquesa, que ningún miembro de su familia vivirá, mientras ella viva, en un asilo. La fidelidad al texto original sirve, de hecho, para enfatizar la imposibilidad de alejarse de la condición social a la que los 'incontados' están abocados, incluso cuando se trata de sus deseos.

intento emancipador del sujeto y que el despertar histórico de la conciencia de este sujeto fue solamente un arresto momentáneo, se enfatiza el hecho de que el sujeto colectivo (la masa de Ortega o los incontados de Rancière) sigue sumido en un profundo sueño, el mismo sueño que, durante el siglo XIX en los albores de la modernidad, lo transformaba en un sujeto animalizado. Benjamin nos recuerda a este respecto que «The nineteenth Century a spacetime "*Zeitraum*" (a dreamtime "*Zeit-traum*") in which the individual consciousness more and more secures itself in reflecting, while the collective consciousness sinks into ever deeper sleep» (1999: K1, 4, 389).[31]

En efecto, este énfasis en la in-consciencia del sujeto ya anticipada en la animalización del sujeto-masa aparece en la escena en la que la marquesa 'descubre' a Azarías por su hedor y su hija a la Niña Chica por sus espantosos gritos, declarándose la incomodidad, y el horror, que les produce su presencia en el cortijo. Es esta incomodidad ante la 'animalidad' de Azarías la que lleva a la marquesa a proponer que Régula lo manda a un asilo. Ante semejante posibilidad (que la mujer vive como amenaza), la hermana «humill[ando] la cabeza [...] dijo con resolución, ae, mientras yo viva, un hijo de mi madre no morirá en un asilo» (109). Pero mientras Delibes deja el relato con el deseo satisfecho y con la respuesta al dolor, el cineasta no ve más salida ante ese fulgurante despertar de conciencia que encerrar al personaje en una institución disciplinaria para que se le borre (le borren) todo recuerdo de su acto.[32] De esta forma, parece concluir, los inocentes pagan sus culpas con un absoluto sometimiento al mundo del olvido

31. «El siglo XIX [es] un espacio-tiempo "*Zeitraum*" (un sueño temporal "*Zeit-traum*") en el cual la conciencia individual se acomoda más y más en la reflexión, mientras que la conciencia colectiva se sumerge en un sueño más profundo» (mi traducción).

32. Peter Besas señala acertadamente el interesante hecho de que Azarías no es juzgado por su acto. Es decir, en ninguno de los relatos se le da la posibilidad de razonar su comportamiento y, en consecuencia, considerarle inocente: «El sorprendente final muestra al aturdido tío vengándose de forma sumaria del joven amo. Pero en vez de ser llevado a juicio, se le ingresa en un asilo» (1985: 254).

y con su caída en un espacio que niega cualquier posibilidad de transformar el acto de resistencia y en desacuerdo. Esta posibilidad sólo podría suceder a través de una práctica justa y de una práctica de la memoria en la medida en que, como reflexiona Benjamin, ésta última establecería los hechos *para* el presente, los marcaría con su historicidad:

> The new, dialectical method of doing history presents itself as the art of experiencing the present as waking world, a world to which that dream we name the past refers in truth. To pass through and carry out *what has been* in remembering the dream! — Therefore: remembering and awakening are most intimately related. Awakening is namely the dialectical, Copernican turn of remembrance (1999: K1, 3, 389).[33]

Azarías no puede ser juzgado porque ello implicaría abrir la condición de posibilidad para su futuro como sujeto de conciencia; tampoco puede recordar, porque significaría su condición de posibilidad histórica. La entrada de Azarías en el asilo (sin haber sido juzgado por su acto) es la manifestación del más absoluto fracaso, ya que su conducta carece de ese «arte de experimentar el presente como despertar». Camus quiere así explicitar los constreñimientos que impone una concepción de la historia que congela y cristaliza el pasado y, de este modo, hace que el inocente se pierda en el más abyecto de los 'afueras': el asilo para locos donde acabará perdiendo, de una vez y para siempre como se deja traslucir en ese rostro alienado con el que termina el film, su memoria y su condición de sujeto de la historia.

Sin embargo, no debemos olvidar que, si es cierto que Azarías es castigado con la expulsión, también es cierto que la temporalización del relato otorga agencia a sus sobrinos y, en alguna medida, a él

33. «El nuevo método dialéctico de hacer historia se presenta como el arte de la experimentar el presente como mundo despierto, un mundo al cual ese sueño que denominamos pasado se refiere como verdad. Pasar y llevar adelante *lo que ha sido* al recordar el sueño! — Por eso: recordar y despertar están íntimamente relacionados. Despertar es, así, el giro dialéctico, copernicano del recuerdo» (mi traducción).

mismo, ya que sus recuerdos podrán hacer que el pasado devenga memoria y, en consecuencia, pase a formar parte de la experiencia del presente. Es así que la estructura del relato, desde su representación de la temporalidad, adquiere una significativa carga ideológica en el film. La práctica política que se desprende del relato fílmico es, precisamente, el uso del potencial político que presentaba el relato inicial: convertir el acto de libertad de Azarías en un momento emancipatorio y en el momento del despertar de la conciencia del 'historiador', haciendo que éste reconozca y 'lea' el pasado para devolverle su marca de historicidad.

En efecto, en esa construcción lenta e insidiosa, cargada de intencionalidad ideológica, de la profunda violencia cotidiana a la que las vidas de estos seres inocentes (los pobres, los locos y los niños víctimas de esa pobreza) está sujeta, no se muestran temporalidades significativas que los hagan avanzar o que les permitan saberse 'dueños' de sus propias historias. La única temporalidad que experimentan es aquélla que dirige su trabajo esclavo.[34] No hay, de la misma manera, espacios sociales que los ubiquen, que les den un lugar propio o que les permitan progresar socialmente (más allá del cortijo o la Raya, que los mantiene en posición de absoluta dependencia e identificación).[35]

---

34. La pobreza estará consignada por la familia de Paco el Cojo y sus condiciones de vida, que incluyen la parálisis y la animalidad de la Niña Chica, la 'locura' de Azarías y el absoluto sometimiento al "cuidado" paternalista de los señores quienes deciden sobre su educación, su lugar en el mundo (la raya o el cortijo), el futuro de los hijos, etc.

35. Con el término identificación (o clasificación) me refiero a ese proceso que Rancière describe en su *Política, policía, democracia*: «Es el nombre de un fuera-de-cuenta, de un *Outkast* [...] entendiendo con esto no a los parias, sino a quienes no pertenecen al orden de las clases y por eso mismo son la disolución virtual de ese orden (la clase, disolución de todas las clases, decía Marx)» (2006: 21). Para este autor, el proceso de subjetivización sería un proceso político que entraría en la lógica del otro (una heterología) según «tres determinaciones de la alteridad: la negación de una identidad impuesta, una demostración (hacia un otro) y, finalmente, la admisión de una identificación imposible» (ibíd.: 23). Es decir, la familia de Paco el Cojo tiene asignada una identidad, sólida, homogénea, afirmativa y, obviamente, «impuesta por otro, fijada por la lógica policial» (ibíd.).

Ambos textos señalan como únicas marcas de progresión temporal la llegada del señorito Iván al cortijo para las temporadas de caza, o la llegada intempestiva de la marquesa, quien mantiene a Régula en una tortuosa y permanente expectativa para abrirle la puerta 'a tiempo', sin retrasos incómodos para el ama.

Pero, recordemos, la novela acompasa el ritmo de su narración al paso de las estaciones, de los días y los meses, eternamente iguales los unos a los otros. El calendario cronológico se aparece, y se marca significativamente, a través de las palabras del narrador que se repiten una y otra vez a lo largo de la novela: «y así un día y otro día, un mes y otro mes, un año y otro año, toda una vida» (15). El film, sin embargo, hace del relato en *flash-back* la estructura de la narrativa y, en consecuencia, el foco temporal varía significativamente: se pasa de una narración en presente absoluto (*es* representación de un tiempo inmemorial, invariable a lo largo de la historia) a una narración gobernada por los tiempos cronológicos relacionándose entre sí en una interacción enérgicamente dinámica; el pasado deviene *actual* en el proceso narrativo de la memoria; el presente desde el que se 'lee' el pasado y se le reconoce como actual se compromete con éste; y el futuro que se anticipa en las expectativas narrativas —las vidas de los hijos atrapadas en el trabajo alienante en la ciudad; la de sus padres, también atrapada e inmovilizada en el tiempo eterno de la Raya al que han sido expulsados; y, finalmente, la vida en caída de Azarías hacia la más abyecta realidad, la del silencio y el olvido absoluto del el asilo—. Este futuro también mantiene una relación de responsabilidad con sus anteriores, reflejada en esa mirada crítica de Quirce hacia las bandadas de pájaros en la última imagen del film.

Así, aceptando la idea de que el «tiempo es aquello que no deja registro (*record*), [que] emerge del fracaso de la representación» (Doane 2002: 45) y que es la memoria la que posibilita su representación, podríamos concluir que el horizonte al que Camus ha abierto la historia de los personajes es el de una absoluta alienación y soledad: la expulsión del mundo de Paco, Régula y Azarías (en sus márgenes y en el asilo), y la entrada de los hijos en un mundo gobernado por las lógicas del capital y el progreso presente en ese 'futuro anticipado', donde la explotación feudal se metamorfosea en explotación del capital, tal y como lo recuerda Bensaïd, citando a Marx: «The progress accomplished by capital consists in alternating the form of slavery, with the metamorphosis of feudal exploitation into capitalist exploitation. The abstractly 'progressive' expropriation of the peasantry 'is written in the annals of mankind in letters of blood and fire'» (2002: 63).[36] De este modo, de la mano de la 'representabilidad del tiempo' (la memoria), los sujetos entran en la historia y la narrativa deviene, podríamos aventurar, la instancia interpretativa de la historia:

> In the dialectical image, what has been within a particular epoch is always, simultaneously, 'what has been from time immemorial'. As such, however, it is manifest, on each occasion, only to a quite specific epoch — namely, the one in which humanity, rubbing its eyes, recognizes just this particular dream image as such. It is at this moment that the historian takes up, with regard to that image, the task of dream interpretation (Benjamin 1999: N4, 1, 464).[37]

Al transformar la representación del tiempo desde una cronología objetiva y natural —que únicamente registra el paso del tiempo— en una cronología subjetiva y racional, donde la temporalidad aparece registrada como parte intrínseca de la narrativa, Camus convierte el testimonio (el realismo social) de Delibes en una razón política desde la que el proyecto moderno (el mismo que congela el pasado en una temporalidad inmemorial, quizás de documento y archivo) se abre a

36. «El progreso alcanzado por el capital consiste en alterar la forma de la esclavitud, con la metamorfosis de la explotación feudal en expropiación capitalista. La abstracta expropiación 'progresista' del campesino 'está escrita en los anales de la humanidad con sangre y fuego'» (mi traducción).

37. «En la imagen dialéctica, lo que ha sido en una particular época es siempre, simultáneamente, 'lo que ha sido desde tiempos inmemoriales'. Como tal, sin embargo, se manifiesta, en cada ocasión, sólo a una época específica —es decir, aquélla en la que la humanidad, frotándose los ojos, reconoce justo esta particular imagen onírica como tal—. Es en este momento en el que el historiador asume, con respecto a la imagen, la tarea de interpretación del sueño» (mi traducción).

sus contradicciones y entra en conflicto con sus fundamentos: una lógica del progreso y una lógica de la subjetivización que anulan al sujeto y su experiencia de la temporalidad. Camus inserta el registro del tiempo y ubica a los sujetos *en* el tiempo, para así recoger las ruinas y los retazos, las catástrofes, trazados en el relato de Delibes y representar con ellos «imágenes del presente [que] contienen en sí una doble articulación temporal: la de ser al mismo tiempo vestigios materiales y palpables en el presente y objetos que contienen además imágenes o referencias del pasado» (García de León 2005: 109). Además, podría añadirse, establece también como experiencia del presente ese futuro anticipado (lo que podría considerarse el futuro del pasado) consignado en las historias de Quirce y Nieves, y que es completamente novedoso en el film. La imagen final de la bandada de pájaros (similares a las que se veían durante las cacerías) podría ser una referencia a esta imagen del presente en la que se contiene la actualidad del ahora, la incertidumbre del mañana y la marca registrada del pasado.

El mismo gesto narrativo por el que el film registra narrativamente el tiempo hace que la representación espacial (que domina aparentemente la representación bajo el énfasis en los lugares: el cortijo, la Raya, la ciudad) se temporalice eficazmente, ya que ese afuera histórico en el que los sujetos viven forma parte de su absoluta condición de sujetos abyectos: o viven en la Raya, aislados de todo contacto humano, expulsados de la comunidad, como los encontramos al comienzo del relato (porque no son necesarios) o al final (porque son castigados), y por tanto impedidos de participación y de 'razón'; o aparecen siempre detrás de las rejas de la puerta de entrada al cortijo, en el *otro lado*, perpetuamente mirando, con expectación y temor, hacia el espacio interior donde la vida transcurre; y siempre sorprendidos y resignados, conscientes, de que no son parte de ella.[38] Habitan, entonces, y esto es lo importante, un espacio fantasmagórico que, por un lado,

38. Otra vez, remito al trabajo de Susan Martin-Márquez y a su análisis de cómo el film representa a los personajes atrapados detrás de las rejas. Su análisis coloca en contrapunto a los personajes subyugados y a los subyugadores que también, de forma interesante, se representan detrás de ellas.

los convierte a ellos mismos en fantasmas por su condición de ausencias violentamente presentes (como muestran la marquesa y su hija al descubrir a Azarías y a la Niña Chica) y, por el otro, transforma su tiempo en un tiempo de pura labor y pura dominación, ya que, para ellos, no hay transcurrir vital, sólo una conciencia del paso del tiempo a través del trabajo y de la llegada de los amos.

Al convertir la experiencia de la temporalidad en representable, espacializándola y transformándola en memoria, Camus modifica la 'explotación feudal' por la 'explotación capitalista' (Bensaïd 2002: 63) para hacer de la historia de *Los santos inocentes* una importante crítica a los fundamentos de la modernidad en la que se sustenta la contemporaneidad: no sólo a la idea de progreso histórico, sobre la que se basa esa creencia de que todo tendrá solución en el futuro (la redención del sujeto subalterno a través de la educación a la que benevolentemente los amos dan acceso), sino también a la idea de que la experiencia del tiempo cristaliza en la lejanía un pasado que ya ha partido sin consecuencias para la actualidad. Se trataría ahora de poner en marcha la creencia de que narrar la historia significa reconocer y leer el pasado *en el* presente, darle categoría de experiencia contemporánea y, sobre todo, reunir en su relato al acontecimiento con su temporalidad intrínseca para que no se borre aquello que ha sido. Es decir, la historia debe ser, parece extraerse del film de Camus, una práctica política de la memoria.

Camus presenta unos sujetos que, aun viviendo a finales de los años sesenta o comienzos de los setenta, no sólo están gobernados por el amo (el sistema feudal), sino también por el capital (el sistema capitalista, representado en la película por la fábrica y la ciudad); su experiencia del tiempo está marcada drásticamente por el trabajo en el contexto de una modernidad violenta (ésta es la que pone en marcha la memoria de Quirce y Nieves), cuya lógica perpetúa la subyugación del trabajador/esclavo. Bajo este sistema el hombre 'pueblo' o el hombre 'masa' está sujeto, al igual que su identidad y su experiencia, a su quehacer laboral. Es lo que Benjamin denominaría «la historia de la civilización», es decir, la sumisión en la ideología del mercado y el capital produciendo espacios y personajes fundamentalmente fantasmagóricos. Esta concepción de la historia:

> It correspond to a viewpoint according to which the course of the world is an endless series of facts congealed in the form of things. The characteristic residue of this conception is what has been called 'History of Civilization,' which makes an inventory, point by point, of humanity's life forms and creations. The riches thus amassed in the acrarium of civilization henceforth appear as though identified for all time. This conception of history minimizes the fact that such riches owe not only their existence but also their transmission to a constant effort of society — an effort, moreover, by which these riches are strangely altered. Our investigation proposes to show how, as a consequence of this reifying representation of civilization, the new forms of behavior and the new economically and technologically based creations that we owe to the nineteenth century enter the universe of phantasmagoria (1999: 14).[39]

Las generaciones más jóvenes, sin embargo, ponen en entredicho, con su conducta y su postura vital, esta realidad; por ello se puede escuchar a Iván decir, en esa escena donde los aristócratas hablan de su papel dirigente y civilizador de la historia: «Se diría que a los jóvenes de hoy les molesta aceptar una jerarquía. Y es lo que digo, Ministro, que a lo mejor esté equivocado, pero el que más y el que menos, todos tenemos que aceptar una jerarquía: unos debajo y otros arriba. Es ley de vida, ¿no?».

---

39. «Corresponde a un punto de vista de acuerdo al cual el curso del mundo es una serie interminable de hechos coagulados en la forma de las cosas. El residuo característico de estas concepciones lo que ha sido denominado "la Historia de la Civilización", la cual hace inventario, punto por punto, de las formas y creaciones de la vida humana. Así, las riquezas amasadas en el imperio de la civilización de aquí en adelante aparecen como identificadas para todos los tiempos. Esta concepción de la historia minimiza el hecho de que tales riquezas deben no sólo su existencia sino también su transmisión a un constante esfuerzo de la sociedad —un esfuerzo, más aún, por el cual estas riquezas están extrañamente alteradas—. Nuestra investigación propone mostrar la manera en que, como consecuencia de esta representación reificadora de la civilización, las nuevas formas de conducta y las creaciones basadas en la economía y la tecnología que le debemos al siglo XIX, entran en el universo de la fantasmagoría» (mi traducción). En sus *Arcades* Benjamin hablará de las galerías comerciales (*pasajes*), de las exposiciones mundiales y de los paseantes (el *flâneur*).

Espacios y tiempos, por tanto, fantasmagóricos en gran medida debido al hecho de que se sitúan en una estructura social de dominación y 'civilización', y que promueve la integración total del mundo en una ideología del progreso según la cual el tiempo avanza bajo la dirección de los ricos (como dice Benjamin) o de los mejores (como dice Ortega).[40]

V

La crítica política camusiana desvía, entonces, el énfasis puesto en una mirada ética hacia la tradición (el feudalismo) como sistema de vida perviviendo en la actualidad, a los efectos que el *tempo* moderno, coincidiendo todavía con el anterior, causa en los sujetos sociales. De este modo, la inscripción de la memoria de Quirce y de Nieves en el relato cinematográfico varía el enfoque de la reflexión para, como diría Martin-Márquez, darle a Camus la posibilidad de «ofrecer, desde su propio contexto y su personal visión [...] una radical elaboración del original que idealmente le llevará a exhibir su integridad artística» (1990: 469). En este sentido, mientras Delibes se interesa en mostrar los acontecimientos desde una posición distanciada para desde ella dejar que, a través de la conducta de los personajes, la fuerza de la ley natural inscriba una contundente posición ética ante la violencia social ejercida sobre los 'santos inocentes', Camus, desde una intencionalidad política, añade a la mirada ética del escritor una visión radical de la historia y, sobre todo, una crítica devastadora al proceso de modernización que deja en su afuera a partes de su comunidad, todavía anclados en la premodernidad (Paco y Régula), o incomunica y aísla a los que pasan a ser parte de su centralidad (los hijos). Mientras la novela nos deja con el triunfo de Azarías, con el triunfo de la Naturaleza, el film nos lleva un paso más allá y nos sitúa en una temporalidad histórica (el tiempo

40. La narrativa de *Los santos inocentes* también muestra como fantasmagóricos los preceptos que componen la modernidad: progreso, derecho, soberanía, libertad, razón, moralidad.

de la modernidad) que no perdona la violencia primordial de la naturaleza. Mientras que el escritor articula una historia paralizada en el tiempo (las vidas de Paco el Bajo y su familia, vagamente situada en la década de los sesenta), un tiempo que podría fácilmente pertenecer a cualquier momento histórico, el realizador la hace avanzar al futuro, trayendo, de este modo, una abierta reflexión sobre la historia del presente como experiencia histórica.

Sería interesante pensar que quizás ambas posturas tengan que ver con la percepción y la crítica específica que los dos autores tienen sobre los procesos de modernización que están ocurriendo en una España que transita de la dictadura a la democracia. Tal posibilidad, aun siendo muy tentadora para una reflexión sobre los relatos, no parece dejar, sin embargo, marca trazable en las narrativas de los dos textos. No obstante, sí es interesante recordar, como mencionamos al comienzo de esta reflexión, que ambos relatos parten de una idea similar muy orteguiana. Me refiero a aquélla sobre la que José Ortega y Gasset estructura su interpretación de la historia de España como la historia de una decadencia: «La decadencia española no fue menor en la Edad Media que en la Moderna y Contemporánea. Ha habido algún momento de suficiente salud; hasta hubo horas de esplendor y de gloria universal [...]. Venimos, pues, a la conclusión de que la historia de España entera, y salvas fugaces jornadas, ha sido la historia de una decadencia» (1998: 104). En efecto, en su *España invertebrada* Ortega mantiene que una de las razones más poderosas por las que España es una nación en permanente decadencia tiene que ver con la ausencia en el Medievo español de un feudalismo fuerte (similar al que hubo en Inglaterra o Francia) y con la falta, en consecuencia, de hombres egregios, de aquellos aristócratas que hubieran podido ser los únicos capaces de conducir (egregiamente) a las masas. Un feudalismo débil que ha constituido una España enferma, o que ha logrado que España, enfatiza el filósofo, *sea* enferma (ibíd.: 76). Delibes primero y Camus después parecen pensar sus historias sobre la estructura de una sociedad contemporánea feudal, de una España anclada en el pasado (para Delibes) o en camino hacia un futuro moderno desolador (para Camus), pero, en ambos casos, gobernada por una clase aristocrática no-egregia, en decadencia: «Las épocas de decadencia son las épocas en que la minoría directora de un pueblo —la aristocracia— ha perdido sus cualidades de excelencia, aquellas precisamente que ocasionaron su elevación» (Ortega y Gasset 1998: 80).

Es en este marco social, una sociedad basada en un feudalismo débil —pero no por ello menos violento—, donde se desarrolla la historia de *Los santos inocentes*, en la que se muestra a través de la representación de una cercana convivencia entre amos y esclavos, bajo un sistema económico y social feudal en plena modernidad, la violencia a la que los pobres inocentes son sometidos. Para Delibes esto ocurre en una sociedad donde los procesos de modernización no han sacado al pueblo y al campesino de su absoluto abandono y animalización como muestra la escena, citada en el epígrafe, en la que el señorito Iván afirma ante sus egregios invitados: «las ideas de esta gente, se obstinan en que se les trate como a personas y eso no puede ser, vosotros lo estáis viendo, pero la culpa no la tienen ellos, la culpa la tiene ese dichoso Concilio que les malmete» (52). Estas palabras ponen en evidencia, claro está, la inferioridad del sujeto campesino bajo el dominio de la marquesa y la crítica hacia los dirigentes (en este caso la Iglesia) que les está 'permitiendo' entrar en el mundo civilizado a través de la educación.[41] A ello se añade la permanente animalización de los personajes; pero estos rasgos identitarios animalescos serán también los que los muestren de un modo más intenso su humanidad: el olfato perruno de Paco, la comunicación entre Azarías y los pájaros, los chillidos bestiales de la Niña Chica, la analfabetización y sumisión de todos ellos. Para Camus, la historia de la familia de Paco ocurre en una sociedad en transición, donde el mundo tradicional y natural está desapareciendo bajo el peso del mundo moderno e industrial; un mundo en el que los árboles son sustituidos por las fábricas, la comunicación con la naturaleza por la incomunica-

41. El Concilio al que se refiere Iván es, obviamente, el Concilio Vaticano II en el que se promulga el derecho universal a la educación. Véase, sobre todo, «Declaración 'Gravissimum Educationis'. Sobre la Educación Cristiana», en *Documentos del Concilio Vaticano II*, <http://www.vatican.va/archive/hist_councils/ ii_vatican_council/documents/vat-ii_decl_19651028_gravissimum-educationis_sp.html>.

ción (claramente reflejada en el rostro de los personajes y en la soledad con que el encuadre de la cámara los refleja), los espacios abiertos por las instituciones represoras y, finalmente, la familia unida por la disgregación de sus miembros. Así, por ejemplo, vemos a Quirce marchándose de la casa de sus padres sin mirar atrás y a estos dos, cada uno en un ángulo diferente de la escena, separados por una enorme distancia —la del fracaso— y sin ninguna posibilidad de ofrecerse mutua compañía. Quirce deviene, en el film, a través el registro del tiempo, la posibilidad de representar la catástrofe, de darle una narrativa que le otorgue su historicidad.

No es, por tanto y en definitiva, una historia muy diferente la que escribe Delibes y escenifica Camus; es esta última, sin embargo, una historia que traslada el énfasis sobre lo ético-social en lo político-histórico, dándose así la posibilidad de reinterpretar, en un medio tan diferente como el de la pantalla, una historia escrita desde el dolor de los oprimidos. El puro testimonio del dolor de los oprimidos que encontramos en Delibes, y quizás, también ese cristianismo delibeano que mencionaba Villanueva, es sustituido en Camus por una puesta en escena de los efectos que la Historia tiene en los sujetos. Y así pasamos del testimonio a la crítica; de la razón ética a la razón política; de la justicia natural a la violencia social.

La literatura de Delibes, el cine de Camus; la novela *Los santos inocentes*, el film *Los santos inocentes*, alcanzan en y por su mutuo suplemento, uno de los rasgos que hacen de esta historia un relato imperecedero: la posibilidad de potenciar una razón ética y una razón política que funcionan siempre e inevitablemente como fundación para una reflexión sobre la historia y su narración, y sobre la memoria y la experiencia contemporánea del sujeto. *Los santos inocentes*, de este modo, deviene historia del presente donde los sujetos encuentran su condición histórica y el relato su historicidad.

3.

Historia(s) de la Transición: *El desencanto* de Jaime Chávarri y *Después de tantos años* de Ricardo Franco

> We could even say that photography escapes history when history orients itself toward a «history of photography» rather than a «photography of history». For Benjamin, history happens when something becomes present in passing away, when something lives in its death. «Living means traces» (CB 169/GS 5:53). History happens with photography. *After life.*
>
> (Cadava 1999: 128)

I

Más allá del trabajo realizado, tanto desde la crítica cultural como desde la historia, las ciencias políticas y la sociología, sobre las políticas de la memoria que el momento histórico de la Transición propuso y alzó como hegemónicas, o qué efectos han tenido éstas en la realidad cultural y social de los últimos veinticinco años, el propósito de este capítulo es analizar un concepto o noción que, en mi opinión, no ha dado lugar a una sistemática y organizada reflexión.[1] Me refiero a la propia noción de transición, a su esencia o identidad, a la naturaleza del *tempo* histórico que la define, la articula y, finalmente, la delimita como momento histórico con un principio, un final y, entre ellos, un determinado acontecer. No es mi intención proponer otra reflexión sobre la especificidad histórica de la Transición española de la dictadura franquista a la democracia parlamentaria que hoy ya se encuentra completamente arraigada en todas las esferas de la vida nacional, o sobre sus políticas de la memoria. Lo que sí me interesa desarrollar en las próximas páginas es una mirada crítica a la experiencia de corte o final que caracteriza el pasaje de una generación que se esfuma, quizás porque sus imaginarios y su experiencia del mundo están en una etapa de evanescencia, a otra que emerge con fuerza pero cuya experiencia, de tan anclada en la fuerza de la anterior, en su radical violencia, se ve abocada a sentirse como 'el fin de una raza' y, en consecuencia, a vivir en una especie de abismo experiencial que la arrastra a la ruina y la desolación.[2] Es decir, este capítulo se centra en el colapso temporal que se articula en, y guía perversamente, el pasaje de un momento histórico a otro (una transición), cuando el último de ellos se ve acosado por el anterior de forma radicalmente no-hospitalaria. Jaime Chávarri y Ricardo Franco junto con sus dos films sobre la familia Panero servirán de escenario a estas reflexiones. *El desencanto* se rodó en 1974, durante un homenaje póstumo del pueblo de Astorga a su poeta oficial, José Panero, y se estrenó en 1976, momento en el que comienza en España el proceso de democratización que se conoce como la Transición. Sin bien el film de

1. Los trabajos dedicados a cuestiones relacionadas con las políticas de la memoria durante la Transición son numerosos. Me gustaría destacar los nombres de los críticos que considero fundacionales e indispensables para el estudio de este periodo (y sus trabajos se pueden encontrar en la bibliografía final): Jo Labanyi, Alberto Medina, Gregorio Morán, Joan Ramon Resina, Eduardo Subirats, Teresa Vilarós. Yo misma dedico el primer capítulo de *Cultura herida* a las políticas de la memoria durante la democracia.
2. Comentario de Michi Panero en *El desencanto*.

Chávarri no trata de la transición histórica en sí, ya que esta última comenzará de forma casi contemporánea al documental, se ha convertido, sin embargo, en una especie de representación simbólica del proceso por el que pasa el país después de la muerte del dictador Francisco Franco.[3] Por su parte, *Después de tantos años* se estrena en 1994, cuando Felicidad Blanc, la madre de los hermanos Panero ya ha fallecido, y una vez que ya se han olvidado aquellas espectaculares celebraciones que dominaron la vida cultural española desde mediados de los ochenta y que culminaron, como se sabe, en 1992, año que inaugura un tiempo de incertidumbre e inestabilidad como ya, por otra parte, lo había sido el tiempo de la Transición.

Aunque poniendo en duda que la película de Chávarri sea realmente un documental anticipatorio sobre lo que será la Transición (o al menos dudando de la importancia que ello pudiera tener), sí considero que el film de este director es, por un lado, una reflexión sobre el fin de una época (el franquismo y los imaginarios sociales y familiares que conformó) y la experiencia de ese final de época en el presente (en la vida de los hijos Panero, típicos representantes de su momento histórico); y, por el otro, la narrativa de un momento que deja de ser un fin de época para convertirse en su trayectoria fantasmática en una larga e interminable transición a una nueva época que, o bien no adviene como tal, o bien cuando lo hace es para hacerlo en forma de ruina y destrucción. En este sentido, me gustaría considerar *El desencanto* y su secuela *Después de tantos años* como una representación o, más específicamente, como una narrativización de cómo los hermanos Panero se erigen en los cuerpos donde el fantasma paterno se ha

3. Sobre el hecho de que *El desencanto* se haya considerado un film particularmente representativo de esta época, véanse Vilarós (1998) y Egea (2004). John Hopewell llega a afirmar en su *Out of the Past. Spanish Cinema after Franco* que *El desencanto* supone «a landmark in Spain's transition cinema» (1986: 130). Por su lado, Joan M. Minguet recuerda: «En cierto modo, *El desencanto* se convierte, a raíz de su estreno en septiembre de 1976, en una suerte de metáfora ejemplar del desaliento, de la frustración que la política española tras la muerte el dictador había generado en los sectores más esperanzados con el cambio político [...]. El film se convierte en el testimonio artístico de toda una época» (1997: 744).

quedado enquistado y habita como traza de una época que no solamente no está clausurada, sino que pervive y emerge con fuerza, bajo transformaciones y desvíos, en el momento presente. A este respecto, Joan M. Minguet escribe en la *Antología crítica del cine español (1906-1995)*, editada por Pérez Perucha:

> La ausencia del padre se transforma, valga la paradoja, en una opacidad de gran elocuencia, de pertinente producción de sentido. Más aún, otra ausencia vaporosa se convierte, en tanto omitida, en mayúscula fuente de significación: la del dictador, el padre putativo de todos los Panero y, por desgracia, de tantos otros españoles que debieron aclimatarse a la opaca noche del grito y el terror (1997: 745).

En este sentido, *El desencanto* supondría precisamente una reflexión cinematográfica en forma de narrativa confesional de la herencia que la generación anterior, encarnada en Leopoldo Panero, el padre, el dictador y, sobre todo, de la forma en que la generación contemporánea hereda esa herencia. Este intersticio, este momento en el que la herencia se recibe, es lo que se explicita en la película como ruina, es decir, como expresión y representación de la destrucción (de la familia y sus valores), y simultáneamente de su supervivencia en forma residual (locura, enfermedad, adicción). El tiempo del desencanto sería, entonces, el tiempo radicalmente abierto a la responsabilidad del legado, a esa exhortación que llega del pasado y que compromete a sus sujetos a tomar decisiones respecto de él. Para Derrida, *heredar* significa hacerse cargo del secreto del legado para, asumiendo el lugar de la incertidumbre y la contradicción, transformar la herencia en algo otro a lo heredado. Hay compromiso de fidelidad en el recibimiento de la herencia, pero esa fidelidad se basa en la posibilidad de la infidelidad para que un archivo, el pasado, no se reproduzca o repita; se trata de que lo heredado, ese legado que exhorta a ser aceptado, se abra a una radical heterogeneidad, a un lenguaje que difiere, que se dirige hacia el futuro a la vez que viene, tanto del pasado como del futuro. De este modo, la herencia entra en el campo de la promesa. Para Derrida:

> Una herencia nunca se re-une, no es nunca una consigo misma. Su presunta unidad, si existe, sólo puede consistir en la ley *de reafirmar eli-*

> *giendo. Es preciso* quiere decir *es preciso* filtrar, cribar, criticar, hay que escoger entre los varios posibles que habitan la misma ley. Y la habitan contradictoriamente en torno a un secreto. Si la legibilidad de un legado fuera dada, natural, transparente, unívoca, si no apelara y al mismo tiempo desafiara a la interpretación, aquel nunca podría ser heredado [...]. Se hereda siempre un secreto —que dice: «léeme, ¿serás capaz de ello?» (1994: 16).

Si aceptamos que *El desencanto* compone el trazo, la marca de la herencia, el tiempo de asumir el legado (recordemos que es Michi quien pide hacer el documental en ese momento de homenaje póstumo al padre), es decir, de enfrentarse a él, de interpretarlo, modificarlo, destriparlo en sus niveles temporales, vemos que el tiempo narrativo del documental (los hijos memorializando; el pueblo monumentalizando) se constituye en lo que podríamos nominar como el momento de la ruina. Un momento, el año 1974 (por tanto el inicio del tránsito hacia una historia bajo el signo del pos-dictador y del pos-padre), donde las dos generaciones y, a su vez, los dos momentos históricos (dictadura y posdictadura) colapsan en el presente de la memoria. El paso de lo puramente familiar (los Panero y su «épica familiar» como la llama Leopoldo María) a lo colectivo o nacional viene de la mano, en el film, de ese homenaje póstumo que Astorga le dedica al poeta y a su inauguración con las palabras de su amigo y colega, Luis Rosales. La cinta termina, de hecho, con la herencia particular (en forma de epitafio) y la nacional (con la estatua erigida en su honor). De ahí que no sea especulativo tomar el trabajo de Chávarri como un intento de superar o de ir más allá de lo puramente familiar para producir una narrativa que se quiere simbólica de un momento y de una generación. Por tanto, no resultaría exagerado decir que *El desencanto* es realmente testamento de la Transición, en la medida en que en ella se recoge la ansiedad y la temporalidad que domina la etapa que ahora se abre: la de su relación afectiva, política e ideológica tanto con el pasado, que permanece en forma de una herencia todavía ilegible, como con un presente absolutamente residual de su anterioridad (residuos trazados en los discursos de los hijos y la viuda).

II

En la introducción a su libro coeditado con Alberto Moreiras, *Pensar en/la posdictadura*, Nelly Richard propone una interesante reflexión sobre los términos 'transición' y 'posdictadura'. Para ella, el primero esconde, una vez se convierte en nombre propio (es decir, una vez su uso *deviene* hegemónico), la nominalización de una razón temporal: «la racionalización del tránsito entre dos tiempos —un antes y un después; un pasado y un presente— de acuerdo al verosímil de ajustes y reconversiones que guió linealmente el paso del autoritarismo a la democracia de los acuerdos» (2001: 9). O, en otras palabras, también de Richards, estos términos «[están] convencionalmente llamados a acotar la referencialidad de nuestro presente hecho de consenso, de conflictos de la memoria y de mercado» (ibíd.: 10).

En principio parecería adecuado definir, sobre todo desde esa radical y específica regularización del tiempo que abarca el concepto 'transición', ese periodo como un tiempo histórico de paso, de corte, incluso de ruptura y en consecuencia, de emergencia; un momento que se abre, desde su calidad de 'corte' en la trayectoria histórica (lo que Richard llamaría de 'temporalidad irresuelta'), a la formulación de nuevos conocimientos, de nuevas epistemologías y de una nueva administración de la vida y la experiencia;[4] un momento en devenir constante, que se separa cada vez más de su anterioridad (que permanece sólo de forma residual, como veremos) para ir constituyéndose como momento siempre hacia el porvenir y cuya razón, al naturalizarse como tal

4. Richard cita a Willy Thayer, quien afirma: «El término transición nombra para 'nosotros', no la transferencia de la administración gubernamental de la dictadura a la democracia, según determinan las ciencias sociales, ni los cambios *en* lo político a partir de 1988-1989; sino a las transformaciones *de* la economía, *de* la política, *de* la lengua, *del* sentido y *de* la historia, que la dictadura operó, desde una economía y política estatal, que tiene como sujeto al Estado —monumento del sujeto moderno—, sujeto ideológico, conflictivo, contradictorio, confrontacional, antagónico —a una economía post-estatal, donde el Estado ya no es sujeto sino objeto de la economía» (Willy Thayer, «Borrador sobre la transición», agosto de 1998; citado en Richard/Moreiras 2001: 9).

transición, es la de abrir espacios a discursos emergentes, a nuevas epistemes culturales, a nuevos imaginarios sociales, a nuevas expresiones de la experiencia, a nuevas identidades sociales (el nuevo intelectual, el nuevo escritor, el nuevo artista, el nuevo político); en definitiva, un momento que se funda y se traza, en su propio nombre, *transición*, como inestable, en camino hacia. Transición, entonces, privilegia el ir hacia, nunca el venir de. Lo transitorio se quiere hacia lo porvenir, pero erigiendo el presente como su proyecto y el futuro como su deseo o promesa. En este dirigirse hacia lo porvenir, las nuevas narraciones que emergen en los momentos nominados como de transición (transición política, histórica) optan por el olvido de lo inmediatamente anterior o, más específicamente, por una noción de pasado que se articula sobre una ideología desde la cual el pasado es un 'objeto' partido en la medida en que éste ya no 'afecta' la experiencia del presente y el proyecto contemporáneo. Nelly Richard denominaría este 'olvido', o este desafecto por el pasado, como «lo no-consignado», algo que sólo emerge como testimonio en el marco de los relatos surgidos en las zonas más residuales de la memoria social (2001: 12). El pasado es, simplemente, aquello de lo que la experiencia se separa y quiere alejarse por ser ya obsoleto e inútil para el presente. El pasado está ahí para ser monumentalizado y, en ese acto de monumentalización, se expulsa como parte de la experiencia presente.[5]

Obviamente, esta conceptualización de transición está profundamente enganchada a una particular idea de historia y a una particular episteme: a la historia entendida y practicada como historiografía, es decir, como narración lineal del acontecimiento social (de ciertos

5. Alberto Medina, en su capitulo dedicado a *El desencanto*, presenta una interesante reflexión sobre el monumento/fetiche según la cual el monumento supone el «ejercicio melancólico por excelencia» (2001: 135). Aunque el monumento siempre apunta al pasado (sería el fetiche de lo partido, a cuya ausencia siempre se refiere), «el recuerdo, la conmemoración [que suscitan], se hacen piedra, se actualizan como inalterable fijeza» (ibíd.). Por tanto, el monumento aleja, separa el pasado de la experiencia del presente. Respecto a la relación entre conmemoración y olvido, véase Fernández (2002).

acontecimientos sociales), a lo que Walter Benjamin llama «el tiempo vacío homogéneo» (1968: 261), y a la episteme que dirige el proyecto moderno, desde la que el acontecimiento ocurre, pasa, se archiva y, en ese acto de archivarse, 'se desaparece' para el presente como experiencia cotidiana. El pasado deviene documento, digno o indigno de narrarse, pero, en última instancia, siempre secundario en el marco de una pedagogía nacional cuya tendencia es, citando a Homi Bhabha, «celebrar la monumentalidad historicista, la totalidad sociológica de la sociedad, o la homogeneidad de la experiencia cultural» (1994: 157).

Por otro lado, la transición, o más concretamente, la noción de transición histórica, también podría verse como una noción imposible: la transición es aquello que, nacido inevitablemente en *media res*, no alcanza nunca a ser, a tener presencia/marca ontológica porque se constituye siempre y necesariamente entre aquello que ya ha sido y lo que está por ser. Esto que, en realidad, no es nada más que sentido común no debería realmente funcionar como marco desde el que pensar, o al menos no debería funcionar como marco del pensamiento por sí solo. O, dándole una vuelta de tuerca a esta idea, y siguiendo a Benjamin en su tesis XVI de «La filosofía de la historia», podríamos afirmar que, en realidad, toda historia *es* transición:

> A historical materialist cannot do without the notion of a present which is not a transition, but in which time stands still and has come to a stop. For this notion defines the present in which he himself is writing history. Historicism gives the 'eternal' image of the past; historical materialism leaves it to others to be drained by the whore called «Once upon a time» in historicism's bordello. He remains in control of his powers, man enough to blast open the continuum of history (1968: 262).

Esta noción de historia y esta noción de presente como un tiempo *siempre* en transición cuestiona radicalmente la idea de historia como aquella narrativa del evento congelado en el pasado y partido de la experiencia contemporánea. La narrativa de *El desencanto* parte por sí sola de esta noción de transición: el presente es el abismo que separa y une simultáneamente la presencia y la ausencia de José Panero en la vida de la familia. El presente *es* la imagen y la articulación de la ruina como efecto tanto de su presencia como de su ausencia, tanto de aquel tiempo dominado por la presencia física del padre como de éste dominado por el recuerdo que reaparece de forma sumamente intensa a causa del homenaje (su memoria colectiva), poniendo en evidencia la decadencia de la vida de los hijos, de la madre y de la viuda, al hilo del relato de memoria sobre su figura como *pater* familia y poeta del régimen. Pero también surge esta noción de transición de la narrativa que se entreteje *en* la relación que se insinúa entre la cinta de Jaime Chávarri y la de Ricardo Franco (esta última producida casi veinte años más tarde, y cuatro años después de la muerte de la madre), ya que la cinta de Franco retoma un devenir en las vidas de estos hermanos, no solamente acosados todavía por la figura del poeta, sino también por sus propias relaciones a lo largo de toda una historia marcada por el fantasma del pasaje de una a otra generación, ese «fin de raza» al que alude Michi y con el que termina *El desencanto*; es decir, *Después de tantos años* supone la representación o constatación de una temporalidad abierta a su más radical multiplicidad donde sus protagonistas han devenido fantasmas. Como dice Michi, en uno de los espacios privilegiados en este documental, el cementerio: «Estamos todos muertos».

De este modo, estos dos documentales —el primero de los cuales se convirtió muy rápidamente en una cinta de culto para una generación entera, la de la Transición— nos ponen en contacto con algo importante que debe ser pensado en relación a la creciente bibliografía sobre lo que llamamos, en alguna medida y en mi opinión ingenuamente, la Transición: la temporalidad que encubre no sólo esta noción, sino también la práctica que emerge bajo su nombre ya que, de acuerdo a Nelly Richard: «La operación de nombrar revela siempre más de lo que dice el nombre de la cosa a la que se refiere. Nombrar es ejercer un control de la significación y, también, fijar la conveniencia terminológica de las palabras de acuerdo a ciertos pactos de legitimación sociocomunicativa» (2001: 9). O sea que propongo pensar la noción de temporalidad de lo que es en sí mismo un marcador temporal (transición), ya que ésta no ha sido considerada en toda su complejidad. En definitiva, me gustaría analizar la razón crítica que está detrás de la idea de que la Transición *es* una transición de la dictadura a la democracia (idea dominante en el imaginario español desde el día en que murió el dictador) para mostrar que tal idea no parece, en realidad, *filosófica*; ni tampoco, por ella misma, política.

Empecemos con una mirada breve al inmediato pasado de la Transición, a los últimos coletazos del franquismo —que como sabemos, algunos historiadores ya considerarían como su inicio (no es infrecuente la afirmación de que la Transición comenzó en 1973)— y que es, además, el final de ese pasado en el que se cimienta la narrativa de *El desencanto*.

Carl Schmitt ha afirmado que el soberano es aquél que decide sobre el estado de excepción (1985: 5). Obviamente, ese soberano, Franco, que en España era particularmente inclinado a dictar decretos-ley y, en consecuencia, a ejercer al máximo su calidad de soberano dueño de la ley, murió el 20 de noviembre de 1975, después de ordenar la ejecución de once etarras acusados de asesinatos. Estos etarras fueron juzgados bajo condiciones de guerra, es decir, en cuatro consejos de guerra, cinco de los cuales fueron juicios sumarísimos. La muerte del dictador supuso también el fin de la decisión soberana sobre el estado de excepción; o sea, la habilidad del soberano de decidir cuándo la ley es aplicable, sobre qué se aplica y sobre quién se aplica. A este respecto es importante el hecho de que ya casi en su lecho de muerte Franco decidiera la ejecución de esos once etarras (de los cuales finalmente fueron ejecutados cinco).[6] De hecho, se les aplicó de forma retroactiva la recién estrenada ley antiterrorista y se les condenó porque, además de ser asesinos eran considerados, al igual que cualquier otro ciudadano en desacuerdo con el régimen, terroristas (en estos meses de 1974 las huelgas generales, manifestaciones contra el régimen y los disturbios sociales estaban a la orden del día).[7]

6. Obviamente, Franco no se condenó a sí mismo por hacer exactamente lo mismo que les imputaba a los condenados a muerte, terrorismo.

7. «Entre el 28 de agosto y el 19 de septiembre se celebraron en España los primeros cuatro consejos de guerra de los diez que, en principio, ya estaba previsto celebrar para juzgar a los numerosos detenidos en estos últimos meses. Nada menos que cuatro consejos de guerra en los que se piden un total de once penas

Victoria Prego recuerda:

> El decreto ley antiterrorista está hecho contra todos los que se oponen al régimen, y se les va a aplicar hasta que se les quiten las ganas de seguir luchando contra él y de intentar subvertir su orden y sus esencias. Es algo así como la normalización del estado de excepción y su imposición continuada a todo el territorio nacional [...]. El decreto, que 'priva a los perseguidos de toda posibilidad de defensa real' [...] no va sólo contra el terrorismo sino contra las masas populares, ciudadanos, fuerzas organizadas de las democracias y movimientos de las nacionalidades (1995: 241).

Por tanto, la ley se aplica a cualquier ciudadano, a todo aquel que se oponga al soberano y a su soberanía: «La ley antiterrorista es el instrumento jurídico final que estaban necesitando [el régimen]. Cierto. Es, efectivamente, un instrumento final» (ibíd.). En este sentido, y sin lugar a duda, la ley está de parte de Franco; Franco *es* la ley precisamente porque él es la suspensión de la ley que aplica a aquellos a su alrededor pero no a sí mismo o a los que son como él. Esto es, él es el estado de excepción puesto que mientras aplica la ley él está excluido de su entramado, de su territorio de funcionamiento. La ley es la regla precisamente porque hay un soberano que siempre está en relación de exclusión con respecto a ella. De este modo, la excepción (Franco) confirma la regla al constituirse como ajeno a la normalidad (la excepción) y a la aplicabilidad de la ley. Esta relación a la ley y, claro está, también a la misma soberanía del estado franquista, muere el 20 de noviembre de 1975.

Desde este momento, desde la muerte del soberano, el Estado necesita renegociar su ley soberana; es decir, los términos de su estado de excepción y por ello su habilidad para gobernar legalmente ya que, además, cuando Franco muere, deja a su hija Carmencita un testamento muy específico en el que manifiesta explícitamente que su herencia es el deseo de que el aparato franquista continúe (con sus estructuras y sus valores firmemente asentados) pero ahora bajo la

---

de muerte, once. A todos los acusados se les aplica con carácter retroactivo la ley antiterrorista recién aprobada» (Prego 1995: 242).

autoridad del rey Juan Carlos, su sucesor por decreto soberano. Franco, en su propia expresión, quiso dejarlo «todo atado y bien atado».

Jaime Chávarri y, veinte años más tarde, Ricardo Franco construyen sus documentales sobre la familia Panero en base tanto a la muerte del padre, como a su presencia omnipotente y fuertemente autoritaria, en la vida de todos los miembros de la familia. Los dos documentales consisten en entrevistas narrativas (las preguntas no forman parte del guión o son retóricamente incluidas por Michi), a partir de las cuales se despliegan ante la cámara y los espectadores las, por momentos, violentas relaciones que componen la vida de esta familia. *El desencanto* comienza con el homenaje que el pueblo de Astorga ofrece en 1974 al poeta Leopoldo Panero. Ello sirve de excusa para que se ponga en marcha una narrativa memorística articulada sobre dos hechos fundamentales: la muerte del padre y el hueco que éste dejó en los tres hermanos y su esposa, y el proceso hacia la locura que emprende Leopoldo María y que afecta todos los niveles de las relaciones familiares. Por su lado, *Después de tantos años* se inicia con una contundente reflexión sobre la memoria y dos afirmaciones que parecen poner en duda el sentido mismo de los dos documentales: La memoria es siempre invención. Nos dice Michi: «La memoria es un mal invento que te recuerda que te estás muriendo día a día»; «La memoria es cruel».

La coyuntura histórica en la que se encuentra España en el año 75, meses antes de la muerte del dictador, durante la cual el país está bajo el gobierno de los decretos-ley y, por tanto, de la excepción como regla, me lleva al trabajo de Walter Benjamin sobre el estado de excepción («the state of emergency»). En su octava tesis sobre la filosofía de la historia, afirma lo siguiente:

> The tradition of the oppressed teach us that the 'state of emergency' in which we live is not the exception but the rule. We must attain to a conception of history that is in keeping with this insight. Then we shall clearly realize that it is our task to bring about a real state of emergency, and this will improve our position in the struggle against Fascism. One reason why Fascism has a chance is that in the name of progress its opponents treat it as a historical norm. The current amazement that the things we are experiencing are 'still' possible in the twentieth century is

> *not* philosophical. This amazement is not the beginning of knowledge — unless it is the knowledge that the view of history which gives rise to it is untenable (1968: 257).[8]

En este pasaje, Benjamin establece una correlación directa entre el uso de marcas temporales que indican la noción de progreso histórico y la persistencia del fascismo. En efecto, el fascismo, parece sugerir, depende de la idea de progreso —de la trascendencia histórica, del entierro o superación del pasado— para que se dé como posibilidad y para sus posibles retornos. Sin embargo, según él, hay otra manera de mirar la historia y esa otra manera de mirar la historia debe localizarse en lo que él denomina «la tradición de los oprimidos». Esta historia nos enseña que cualquier transición de una forma estatal a otra forma estatal, dada dentro del marco del progreso histórico y/o económico, dentro de ese tiempo vacío homogéneo del historicismo que guía la modernidad, el tiempo que guió también la Transición española, el 'estado de excepción' en el cual vivimos, no es la excepción sino la regla. Es decir, nada en realidad ha cambiado excepto la forma estatal en sí. Desde la lógica historicista, el fascismo ha sido enterrado; sin embargo, a poco que estemos atentos intuimos que, pese a su desaparición, el fascismo está allí donde se detiene la mirada (sus estructuras, sus gestos, sus valores).[9] En última instancia, la noción de

8. «La tradición de los oprimidos nos enseña que la regla es el "estado de excepción" en el que vivimos. Hemos de llegar a un concepto de la historia que le corresponda. Deberemos entonces darnos cuenta de que nuestro cometido es provocar el verdadero estado de excepción; con lo cual se mejoraría nuestra posición en la lucha contra el fascismo. Una razón por la cual el fascismo tiene una oportunidad es que sus oponentes en nombre del progreso lo tratan como norma histórica» (mi traducción).
9. En una entrevista de Miguel Mora a Gianfranco, presidente de la Cámara de diputados de Italia, publicada en *El País* el 10 de marzo del 2009, éste agradece a Aznar el haberle ayudado a transformar el fascismo en derecha democrática: «Yo creo haber contribuido a una estrategia que ha llevado la cultura política de la derecha italiana a integrarse plenamente en el sistema político, gracias también a algunos amigos españoles, entre ellos Aznar, antes que nadie en Europa. Ese actor político nuevo, que estaba ligado a la nostalgia del fascismo, es hoy

transición que manejamos, la noción de temporalidad que guía el historicismo desde el que se produce la transición de la dictadura a la democracia, es responsable en parte del retorno del fascismo (neo-fascismo), aunque éste se produzca o se haga visible bajo el signo de la diferencia. O quizás más específicamente, nos encontraríamos, al decir de Homi Bhabha, no tanto frente al (retorno) del fascismo, como frente a la «presencia molesta de otra temporalidad que altera la contemporaneidad del presente nacional» (1994: 143), y que no es otra cosa que aquello a lo que se refiere Bajtín cuando habla de lo fantasmal, lo terrorífico, y lo inexplicable superado (desaparecido) en «el proceso estructurante de la visualización del tiempo» (ibíd.: 143; mi traducción). Pero esta presencia sólo es reconocible, claro está, desde una razón crítica que intenta abrir a sus contradicciones la discursividad hegemónica, basada en esa noción de temporalidad lineal y de progreso absolutamente presente en la discursividad hegemónica de finales de los setenta y los ochenta y, de forma estructurante, en la noción de temporalidad que está manejando el documental de Chávarri, donde la lógica del fantasma, de lo re-aparecido y de la ilegibilidad de la herencia (por tanto, la búsqueda del sentido desde la contemporaneidad) impulsan los relatos de los personajes y la composición cinematográfica del film para revisar, desestabilizar y cuestionar la lógica historicista del relato (siempre basada en la idea de progreso).

Ahora bien, a lo que Benjamin está dirigiéndonos, en mi opinión, es a una forma de pensamiento que pueda abrir el camino hacia las condiciones conceptuales para lo que él llama 'un verdadero estado de excepción'; esto es, la revolución, que para él es análoga a una noción débil de redención desde los constreñimientos de la historia heredada. Este 'verdadero' estado de excepción benjaminiano está basado en un pensamiento que cuestiona o interrumpe la relación

una derecha [...] democrática [...] [una] derecha no ideológica, democrática, europea e institucional» (<http://www.elpais.com/articulo/portada/Aznar/ayudo/integrar/posfascimo/derecha/democratica/elpepipor/20090310elpepiint_4/Tes/>).

entre el estado legal de excepción, la forma estatal que la excepción legitima, y la naturalización de la palabra 'progreso' que invariablemente tomamos como significación de trascendencia histórica.

La cuestión para nosotros en el contexto de una discusión sobre la temporalidad de la transición, por tanto, sería que todavía no hemos tomado en serio la idea benjaminiana de un pensamiento capaz de articularse a través de las condiciones de un verdadero estado de excepción. Parece claro que la transición del estado franquista de excepción a un estado democrático de excepción llegó a su fin en algún momento en la relación entre la inauguración de la constitución en 1978 y los acontecimientos del 23 de febrero de 1981, lo que indica la frágil naturaleza de ese estado de excepción tres años después de su implementación. Hasta ese momento el debate se había centrado en el fin del franquismo como un vacío de poder y en consecuencia en la inhabilidad del estado de realmente reclamar la regla soberana (y así establecida legítimamente como estado de excepción). Sin embargo, el 23 de febrero y, en particular, su pacífica superación por la intervención del Rey, dio al Estado la noción de 'progreso' que necesitaba para proyectarse como un nueva forma estatal, un nuevo estado, y de ahí, una nueva cultura, una nueva nación soberana española-europea. Así, desde el 23 de febrero ha habido mucho 'progreso', sin duda, pero en realidad, si nos paramos un momento a pensar, también ha habido escaso reconocimiento hacia nociones alternativas de la temporalidad, de aquéllas que actualizan y hacen real la pervivencia de narrativas espectrales, narrativas *otras* a las hegemónicas, conviviendo, mano a mano, con las espectaculares narrativas de la novedad.[10] Así, los protagonistas de la *movida*, amparados bajo los fatuos estatales conviven con otras representaciones culturales menos visibles, menos 'amparadas', que muestran, precisamente, la coexistencia entre esos 'nuevos' sujetos de la democracia y aquellos otros que, aunque desaparecidos, se muestran particularmente presentes. En los años

10. A este respecto, véanse los trabajos de Labanyi (2000), Medina (2001), Morán (1991), Moreiras-Menor (2002a), Resina (2000), Subirats (1993, 1995, 2005) y Vilarós (1998).

ochenta vivimos, como todos recordamos, la acumulación de etiquetas declarando la novedad de esta o aquella manifestación cultural. El 23 de febrero, inicio contundente de la idea de progreso hacia la democracia, supone así también el silencioso punto de partida para toda discusión de memoria y des-memoria de la dictadura en la España contemporánea. Sin embargo, el punto de vista de la historia que se halla capturado en esta idea de la transición como progreso no ha sido capaz de tomar en cuenta los fascismos subyacentes (neo-fascismos) que todavía forman parte de nuestra vida cotidiana en el mundo contemporáneo. Benjamin nos prevendría de que la noción de transición con la que trabajamos, transición como novedad y como diferencia histórica, y que permaneció tan entrelazada con las políticas culturales oficiales del Estado, no es filosófica (1968: 257) —es decir, está vacía de significación y, en este sentido, no conceptualiza la historia—, sino que se limita a imitar el lenguaje y la temporalidad homogénea de la forma estatal.

En la medida en que *El desencanto* es representación de un momento de transición;[11] en la medida en que es un relato de memoria lidiando casi violentamente con un fin de época y un nuevo inicio, basado en lo que aquella época ha dejado como herencia; en la medida en que es un documento sobre las tensiones irreconciliables y los traumas por ellas generadas entre dos generaciones y el pasaje de una a otra;[12] en la medida en que es el relato de cómo los Panero se

11. Para una discusión del papel del film en relación a la transición, véase Egea (2004).

12. En uno de los libros más interesantes e informativos, a la vez que críticos, sobre el cine español, *La nueva memoria: historia(s) del cine español*, sus autores mencionan respecto a la cinta de Chávarri: «Aunque si hay, en este empeño colectivo por revisar el pasado desde todas las instancias socio-políticas, una película que ilustra el desmoronamiento moral del franquismo y sus cicatrices sin cerrar, ésa es *El desencanto*; no sólo por lo que tiene de manifiesto del sentimiento generacional que resume su título, sino por su capacidad para construir una ficción en clave de documento en la que se habla de la descomposición de una familia perteneciente a la alta burguesía franquista y se permite la evocación alegórica (microcosmos familiar-régimen dictatorial)» (Castro de Paz *et al.* 2005: 211).

enfrentan a la herencia paterna; en fin, en la medida en que ese pasaje desemboca en un presente de ruina dominado, precisamente, por la imposibilidad de salirse de un *tempo* transicional (donde todo gira en torno a la convivencia de los tiempos, uno pugnando por desaparecer y otro por emerger); en esa medida, el análisis de sus estructuras narrativas y de sus personajes permitirán reflexionar sobre la esencia del tiempo narrativo que se abre en la convivencia del tiempo histórico y el tiempo de la experiencia presente. Y, sobre todo, la relación que ese tiempo tiene con un momento histórico que se empeñó en constituirla como su metáfora.[13]

Jaime Chávarri ha afirmado repetidamente que su película es un documental sobre la familia narrado en clave melodramática y, más específicamente, sobre la figura del padre y de la paternidad. La cinta empieza con dos imágenes muy impactantes que, de manera significativa, funcionan tanto como clave temática y estructural del documental, como a modo de marco del relato: durante la presentación de los créditos, la cámara se fija inamovible sobre un retrato de familia donde posan ante el objetivo la madre (Felicidad Blanc) y los tres hijos (Juan Luis, Leopoldo María y Michi), y en la que finalmente se superponen, inscribiéndose en la textura de la fotografía, el título del documental que ahora va a comenzar. Inmediatamente después de los créditos, la cámara realiza un movimiento progresivo de alejamiento de una masa de plástico que nos va acercando lentamente una estatua bien envuelta y bien atada con cuerdas. Es la estatua de Leopoldo Panero, poeta cercano al gobierno franquista que está siendo objeto de homenaje en su ciudad natal, Astorga, y el padre ausente del retrato que se mostró en los créditos. Este homenaje, que se llevó a cabo

13. El término *desencanto* se refiere al franquismo, no a la Transición. Tiene que ver con la decepción hacia los valores de la familia fascista y del franquismo, tal como afirma el propio Chávarri y sobre los que luego elaboran varios críticos de la cinta: «[...] mostré el fracaso —el desencanto— de una familia considerada inicialmente como ejemplo para el régimen franquista, y en cuyas grietas y fisuras se expande no sólo la caducidad de unos modelos sociales que, probablemente, nunca resultaron efectivos, y generalmente estuvieron encubiertos por la hipocresía y el autoritarismo» (Vizcaíno Martínez 2008: 80).

en 1974 de forma póstuma (Panero murió en 1962), da pie a la reunión de los tres hermanos y la madre y, a petición de Michi, a la realización del documental. En una especie de réplica con variación del comienzo, y después de haber sido testigo de los relatos y las conversaciones de la familia en torno al padre y a la vida de la familia cuando éste estaba vivo, el documental se cierra con una foto fija del epitafio que Panero escribió para sí mismo, seguida de la estatua que lo conmemora, todavía cubierta y atada, pero esta vez presentada desde una panorámica donde la cámara va realizando, desde un plano entero, un movimiento en ángulo para hacer más visible la iglesia que se encuentra al fondo. Interesa resaltar, entonces, que la figura del padre funciona durante todo el relato como la ausencia (o presencia omitida) que dará pie a una narrativa cuyo principal cometido será, en base a esta ausencia estructurante, la de organizarse como aparato de memoria autorreflexivo.[14] Destinado a pensar el presente y las raíces que lo ligan estructuralmente al pasado, *El desencanto* se hace eco de una historia cuyo representación, según Homi Bhabha, pone en la

14. En su artículo «Documenting the National and Its Subversion in a Democratic Spain», Marsha Kinder se refiere a los efectos que tuvieron sobre los espectadores las políticas de censura sobre los documentales bajo el franquismo y afirma que una de ellas fue hacer que los espectadores españoles sospecharan invariablemente que toda imagen documental tiene implicaciones ideológicas. Por esta razón, de acuerdo a esta crítica, los documentales de la Transición (o el inmediato posfranquismo) reeditaban y recontextualizaban el material fílmico de tal forma que tanto el realizador como el espectador debían articular una lectura más activa de las representaciones históricas. De este modo, «The key question, then, for the Spanish spectator was not merely what was being documented (the *referent*) but from which political perspective and from what end. In other words, what ideological function it was performing» (1997: 69). El resultado de ello, de esta mirada a la representación como afirma Kinder, fue la aparición de una tradición reflexiva del documental español que ayudo a «blur the boudaries between documentary and fiction and to generate the kind of performative approach to the genre only now being theorized by scholars» (ibíd.: 70). Es a este género a lo que Jaime Chávarri se refiere como «un documental que usa el lenguaje del melodrama», o a lo que yo me refiero como un documental que funciona como 'aparato' de memoria.

superficie cuestiones incómodas: «¿Cómo se narra el presente como una forma de contemporaneidad que ni es puntual ni es sincrónica?» (1994: 157; mi traducción).

III

En su brillante libro sobre Benjamin y la fotografía, Eduardo Cadava afirma, parafraseando al filósofo alemán:

> As Benjamin suggests in «Central Park», the photograph, like the souvenir, is the corpse of an experience (*CP* 49/*GS* I:681). A photograph therefore speaks *as* death, as the trace of what passes into history. I, the photograph, the spaced out limit between life and death, am death. Yet, speaking as death, the photograph can be neither death nor itself. At once dead and alive, it opens the possibility of our being in time [...]. Photography does not belong to history; it offers history. It delivers history to its destiny (1997: 128).[15]

El desencanto inicia su andadura con una fotografía, un retrato familiar donde falta el padre. Esto no sería llamativo si no fuera la introducción de un texto documental basado enteramente en la ausencia/presencia de esta figura. De hecho, todos los críticos que se han ocupado de analizar *El desencanto* han hecho hincapié, de un modo u otro, en la ausencia del padre de familia pero siempre *en tanto que* presencia omitida en el retrato.[16] Repasando esta presencia omitida,

15. «La fotografía, como el souvenir, es el cadáver de una experiencia ("Central Park"). Una fotografía, entonces, habla como muerte, como la huella de lo que pasa a la historia. Yo, la fotografía, el límite espacializado entre vida y muerte, soy muerte. Aun así, hablando como muerte, la fotografía no puede ser ni muerte ni ella misma. Al mismo tiempo muerta y viva, se abre a la posibilidad de nuestro ser en el tiempo... La fotografía no pertenece a la historia; ofrece historia. Lleva la historia a su destino» (mi traducción).
16. Las lecturas más sobresalientes sobre *El desencanto*, las más analíticas, más elaboradas y mejor basadas en una interpretación histórica del texto fílmico (es decir, situándolo en su momento histórico) son, sin duda, las de Vilarós (1998).

podemos observar lo siguiente: Leopoldo Panero está ausente del retrato familiar que enmarca el relato de la cinta; también de su homenaje, celebrado póstumamente y durante el cual su monumento lo actualiza al mismo tiempo que lo espectraliza bajo la ocultación de su

---

y las de Medina (2001). En relación a la 'presencia' del poeta, a quien Vilarós acertadamente califica de fantasmática (sobre todo tal y como la representa la estatua tapada), la autora comenta: «La realidad brutal de la Ausencia paterna que Chávarri presenta en el microcosmos familiar de los Panero, explota y nos inunda con su verdad aterradora. La ausencia vivida por los hijos es nuestra ausencia, su realidad vacía es nuestra realidad, su descomposición es nuestra descomposición. Representados todos y todas como padres e hijos, formamos con ellos un mismo texto que si es algo es descomposición y reflejo de un vacío histórico. Los hijos buscamos en el espejo la figura del padre. Y el espejo nos devuelve en forma espectral, una figura fantasma» (1998: 48). Para esta autora, esto sería la esencia transicional del documento ya que pondría en evidencia el desamparo y la falta de señas de identidad a la que dio lugar la muerte del padre y, por tanto, la muerte de Franco: «Con la imagen de la estatua tapada empieza Chávarri su exploración documental y con ella termina, dejándonos como resultado simplemente la conciencia de la permanencia de la transitoriedad» (ibíd.: 49). Para Medina el documental, en diálogo con la poesía de Leopoldo Panero y de Leopoldo María, conforma una figura parental perversa que, incluso desde su ausencia, subraya el hecho de que los intentos de liberación de los hijos de su autoridad (implicándose así que el documental presentaría una narración parricida) siga, en realidad, un modelo de imitación de un guión propuesto por el padre mismo: «En este sentido, el epitafio inscrito sobre la tumba del poeta y escrito por él mismo, funcionaría como 'apropiación' del parricidio [...]. El gesto filial de rebeldía es en realidad 'solicitado', robado, por el padre en un gesto de 'posesión de la voluntad del otro'. La negación es reconducida hacia la reafirmación del padre, es más, a su definitiva 'absolución'. El parricidio se convierte así en sancionado sacrificio capaz de consagrar al padre y posibilitar su resurrección, la continuidad de su orden, el mantenimiento de 'el destino' familiar»(2001: 145). De forma interesante, la transición sería entonces, siguiendo este razonamiento, la todavía sujeción de los hijos a la voluntad y el orden del padre, incluso cuando los primeros están 'actuando' e intentando crear las condiciones, para deshacerse de su mandato. Prueba de ello sería, en mi opinión, la necesidad de Michi —y la activa voluntad participativa de Leopoldo y Juan Luis— de retomar por segunda vez después de 20 años la historia familiar y la historia de los efectos de *El desencanto* en la vida de los tres hermanos, incluso cuando ya parece claro que tal historia es la historia de un fracaso y una derrota.

identidad, que ni siquiera se descubre al final de la cinta; está ausente, en fin, de la vida y del tiempo, bajo esa memoria del epitafio, que él mismo escribió para que las siguientes generaciones lo recordaran y para seguir ejerciendo control sobre lo que de él se recordará una vez desaparecido. De este modo, *El desencanto* formaliza, a través de los pormenores del relato, una narrativa que a la vez acerca el mundo donde se van a representar los conflictos particulares de sus personajes (Astorga, la casa familiar con sus objetos y espacios, el colegio donde estudiaron los tres hermanos) y perfila las señas identitarias de sus personajes, incluso del personaje ausente, y los espacios por los que éstos se mueven. Al mismo tiempo produce una doble mirada crítica recogida en las palabras de los personajes y en la meta-narrativa documental (fundamentalmente, el montaje y la estructura), a partir de la que se desestabiliza cualquier posibilidad de considerarla una narrativa de una única verdad y una única razón.[17] Aparato de memoria, por tanto, que habla de vida y de muerte, y que inicia tanto una búsqueda de sentido en el pasado (lo que genera la ausencia de esa figura paterna tanto respecto a los individuos como en la relación entre ellos) como en el presente (la experiencia contemporánea de la viuda y sus hijos en torno a su historia familiar). Y una memoria destinada, al menos en apariencia, no tan sólo a la recuperación de un tiempo partido como a la búsqueda de un sentido del 'aquí y ahora':

> The mode of memory is *recherche* rather than recuperation. The temporal status of any act of memory is always the present and not, as some

17. Una de las lecturas más frecuentes que propone la crítica mantiene, acertadamente, que este documental supone una reflexión sobre la familia franquista (y los Panero como su símbolo) y sobre la figura del padre (sobre la paternidad en general y sobre la paternidad autoritaria en particular, de modo que puede tornarse en una posible metáfora de Franco como padre de la nación). A este respecto, Marsha Kinder afirma: «Shot in 1975 just before Franco's death and released in 1976, the film is masterful in the way it transforms a detailed exploration of one specific family into a complex symbolic portrait of Francoist Spain at a crucial moment of transition» (1993: 202). Véanse también los trabajos de Vilarós y Medina.

> naive epistemology might have it, the past itself, even though all memory in some ineradicable sense is dependent on some past event or experience. It is this tenuous fissure between past and present that constitutes memory, making it powerfully alive and distinct from the archive or any other mere system of storage and retrieval (Huyssen 1995: 3).

Ésta sería la misma idea de dialéctica temporal, básicamente, que dirige la noción benjaminiana de la fotografía, para quien ésta señala y registra de forma contundente la relación radicalmente activa entre pasado, presente y futuro (constituida en la imagen fotográfica). Benjamin expresa sutilmente esta idea en su trabajo «Pequeña historia de la fotografía» cuando habla del aura. La fotografía, el aura contenida en ella, sería

> el entretejerse extraño del espacio y el tiempo; la irrepetible aparición de una lejanía, y esto por más cerca que se halle [...]. Irrepetibilidad y duración se encuentran en ésta [la imagen] tan estrechamente entrelazadas como lo están en aquella repetibilidad y fugacidad [de la reproducción]. Quitarle al objeto su envoltura, demoler el aura, es signatura de una percepción cuya sensibilidad para lo homogéneo crece tanto en el mundo que, a través de la reproducción, lo localiza hasta lo irrepetible (2007: 394).

Además, para Benjamin la significación que compone la imagen fotográfica viene dada también por la relación entre la imagen que representa y su pie de foto, es decir, el texto que 'explicaría' cada foto. En este sentido no parece que sea producto del azar el hecho de que la cinta se abra con un retrato en el que se marca simultáneamente la representación de una familia (por tanto, su identidad como tal) y la figura de un padre que desaparece doblemente: por un lado por su ausencia del retrato, aun cuando sabemos que existe, pues en la época en que se toma la foto él es parte constituyente y central de la familia (por lo que resulta anacrónico que no forme parte del retrato o que no se haya escogido una foto familiar donde sí aparezca); por otro lado, por el desplazamiento simbólico que se retrata en la posición de uno de los hijos, Juan Luis, sugiriéndose así que está suplantándolo como si estuviera muerto.[18] No es posible olvidar que, pronto sabremos, una parte importante de la narrativa del documental se centra en la ausencia y la muerte del padre, mientras que otra relata cómo se produce la apropiación de su lugar y de su rol como máxima figura de autoridad que Juan Luis inicia nada más fallecer su padre. Éste sería, podríamos aventurar, el pie de foto que, según Benjamin debería tener toda foto (que en realidad tiene, aun cuando no esté escrito) para intervenir en el desvelamiento «de las imágenes ocultas y fugaces cuyo shock en el observador detiene el mecanismo de asociación» (Benjamin 2007: 403); o a lo que él refiere como «[e]se lugar que integra a la fotografía en la literalización general de toda vida y sin la cual la construcción fotográfica misma nos resulta imprecisa» (ibíd.). Me gustaría, siguiendo esta idea, proponer, entonces, que *El desencanto* no sería, ni más ni menos, que el pie de foto que explica e intenta dar sentido a ese retrato familiar que es, a la vez, completo e incompleto (en esa medida en que la presencia *se aparece* como omitida) y radicalmente no contemporáneo a sí (abierto a su multiplicidad temporal). En definitiva, la foto que enmarca el relato *en* su relación al relato visual y textual de *El desencanto* es la condición de posibilidad para que el sentido emerja, para que la historia (familiar/nacional) se una indeleblemente a su temporalidad (una temporalidad ajena a la cronología del progreso) y, en consecuencia, a su radical historicidad. Como diría Cadava, la fotografía lleva la historia a su destino.

De este modo, no es nada casual que la apertura del film sea un retrato sin el padre, ya que él proporcionará el contexto, y el impulso, para que la familia Panero emprenda la búsqueda del sentido de esa ruina (el tiempo presente) a la que ha dado lugar la convivencia de dos generaciones cuyo abismo hace imposible la legibilidad de la herencia (de la historia). La fotografía, entonces, ofrece la posibilidad de la histo-

18. Esto será exactamente lo que Juan Luis haga cuando el padre fallece: tomar su papel de padre y marido. Así lo perciben sus hermanos y su madre y así lo manifiestan en la segunda parte del documental. Incluso Juan Luis reconoce haberse convertido en un padre postizo hasta que sus hermanos dejan de consentirlo. (Véanse *El desencanto,* minutos 35-43).

ria, se abre a ella de forma hospitalaria, para buscarle el sentido a esa herencia de devastación y pérdida.[19] Una historia que tiene que encontrar su marca temporal en ese confluir de tiempos dislocados tan fuertemente articulados tanto en esa imagen de ruina a la que se alude en el término desencanto (el desencanto hacia el tiempo pasado, hacia el tiempo del padre ausente en su omnipresencia) como en las palabras y relatos extremadamente crueles de los hijos. La huella de este tiempo dislocado es la que se traza explícitamente en el tiempo narrativo del documental, el tiempo de la transición de una a otra generación que se abre como consecuencia de la desaparición del padre y, así, el tiempo de la herencia que llega desde el pasado y que se recibe en el momento actual.[20] En este sentido, la memoria que surge como la narrativa de la cinta no es otra que la memoria de la transición entre generaciones (entre momentos 'históricos' diferenciados entre sí por un cambio), tal como se sugiere a partir de un marco fílmico que se propone a la vez como su afuera (se sitúa antes de los créditos) y como su más radical centralidad, representado por la localización de la foto familiar que ausenta al padre en el mismo movimiento que lo retrata como una presencia central, y al epitafio del padre que cierra el film, actualizando en esa interpelación directa a la familia su presencia como ominosamente ausente y presente simultáneamente. En esa transición entre retrato familiar, que señala como su presencia más acuciante lo que omite (la imagen del pasado), y el epitafio (voz más allá de la tumba, palabra que viene del futuro), se estructura la historia de la transición, del pasaje entre generaciones cuya problemática interacción se produce en el acontecer del espectro, es decir, en esa temporalidad dislocada que hace entrar en la historia del presente al fantasma interrumpiendo la clara y transparente historia del progreso.[21]

---

19. Vilarós hace una interesante lectura de cómo el documental relata esta herencia de pérdida a través del trayecto de la cámara por la casa de Astorga, vacía, mientras Michi explica que la muerte de su padre dio lugar a la venta de los objetos caseros y de la biblioteca del poeta (1998: 50-51).
20. El tiempo del pasado, franquismo; el tiempo de la herencia, la Transición.
21. En un interesante trabajo inédito sobre *El desencanto*, Mara Pastor reflexiona sobre el diálogo entre los dos poetas a través, precisamente, del género del epi-

En este contexto de documental que interroga la realidad y su traza temporal desde la conjunción de palabra e imagen y que intenta desentrañar el misterio de lo desaparecido pero todavía violentamente presente, Chávarri ofrece un producto híbrido entre documento y ficción en el que la estructura narrativa se organiza en tres secciones o ejes temáticos: el recuerdo del padre como personaje que da sentido al grupo familiar; la muerte de ese padre y los intentos de sustituirlo para tapar su desaparición, así como la ruina que ésta produce; y la entrada en escena del hermano constantemente aludido pero ausente hasta bien desarrollado el documental, Leopoldo María.[22] Desde esa presentación fotográfica del retrato de familia que, como decía más arriba, enmarca desde el afuera narrativo el relato de *El desencanto*, y desde una temporalidad que parece abarcar un único día, el relato se desenvuelve alrededor de tres momentos fundamentales. En la primera parte, Felicidad y dos de sus hijos, Juan Luis y Michi, combinan una narración en *off* de la madre con conversaciones entre los dos hermanos y los hermanos con la madre (estas últimas, a veces, imitan el formato de la entrevista) a partir de las cuales se va desvelando la historia familiar pasada, cuando Leopoldo Panero estaba vivo, así como la personalidad de éste no sólo como padre y esposo, sino también como poeta y figura pública (*El desencanto,* minutos 00:00-35). Paralelamente, los espectadores van viendo surgir las personalidades de los protagonistas: una madre/esposa subyugada, censurada como mujer y sujeto social en el momento en que se casa, musa del poeta y alienada de la vida de su esposo; y unos hijos crueles que, al renegar de su familia, parecen estar profundamente marcados por sus dinámicas y sus neurosis.

La segunda parte está centrada en el relato de la muerte de Leopoldo Panero desde las múltiples perspectivas de los personajes ante este evento y la recomposición de la familia cuando éste muere (*El*

---

tafio. El hijo responde al epitafio del padre en su poemario *Teoría* con el poema «Glosa a un epitafio».

22. Si el padre es la presencia omitida a lo largo el documental, Leopoldo María es la omisión siempre presente. Su 'visibilidad' funciona a modo de contrapunto de la «ocultación» a la que es sometida la figura paterna.

desencanto, minutos 35-43). Esta parte se abre, a modo de anticipación, con un sueño de Felicidad que ella considera premonitorio, con el relato de Michi sobre la crueldad de su padre cuando éste lo aparta de un golpe al acercarse a él buscando consuelo después de haber sido el objeto del ataque de una avispa y, finalmente, con Juan Luis haciendo alusión a que su padre había doblado las marchas del coche por el dolor que sentía al regresar a casa sintiéndose enfermo. Estos relatos de anticipación y preparación, como vemos, se enfocan cada uno de ellos en diferentes aspectos de la situación (premonición de cambio, crueldad del padre y canalización y desapego afectivo del suceso) y en las reacciones de Felicidad, Michi y Juan Luis ante tal suceso. Chávarri enfatiza ahora el carácter narrativo de la escena ayudándose de una cámara cuyo modo de filmación se caracteriza por los planos medios y primeros planos de los tres personajes, siempre separados, que van interviniendo de forma intercalada y que organizan linealmente el relato del proceso de la muerte. Cada uno de ellos ocupa un lugar/estancia diferente de la casa, de modo que se pone en evidencia la distancia afectiva entre ellos. Por otro lado, la iluminación de la escena que se va construyendo a modo de retablos es neutra para así destacar el contorno del sujeto y dejar en el trasfondo el ambiente en tonos oscurecidos. Interesa hacer sobresalir a los personajes narrando, y la especificidad de lo narrado, y poner en primer plano sus perspectivas y sus sentimientos ante la muerte del padre y el esposo. El ambiente ha quedado en segundo plano. Ahora mismo es superfluo.

Durante esta composición narrativa, perfectamente construida para lograr un intenso efecto melodramático, emergen las diferentes posiciones subjetivas ante el evento: Felicidad se concentra en relatar el proceso en sí de la muerte del marido —el estado físico de Leopoldo, el aviso al médico, la parálisis en la que se sume cuando se confirma la muerte—; la narración de Michi presenta una interesante contradicción: se fija en la supuesta crueldad del padre («mi padre me apartó de un golpe») y alude sutilmente a la posibilidad de que esté ebrio (llegaba «haciendo eses»), pero será el único que describa la muerte del padre como un acontecimiento triste que abrirá una brecha en la historia familiar —llorando y corriendo por la casa, el pequeño de los hijos iba gritando, según él mismo cuenta: «éramos tan felices»—; finalmente, Juan Luis destaca el lado literario de la muerte al recordar dos anécdotas que podrían haber sido entresacadas de una novela gótica: las palabras de una vieja cuando regresa de llamar a la ambulancia —«por qué corres si ya está muerto»—, y la imagen de la mano del cadáver cuando lo están bajando por las escaleras, colgando por debajo de la sábana. Parálisis y desplazamiento del afecto por la eficacia domestica (Felicidad), conciencia melancólica de final y de cambio (Michi) y sublimación del afecto (Juan Luis) serían las tres maneras en las que se retrata la percepción de la muerte del poeta. El otro hijo, cuyo relato todavía está por venir, no ha hecho acto de presencia en el documental, pero nunca expresará qué sintió ese día.

La tercera parte del documental da entrada protagónica a Leopoldo María, personaje presente por constante alusión a lo largo de todo el documental, pero que aún no se había materializado en la película. Aparece tras la crítica que hace Michi de la situación de familia «con padre postizo» y la manera en que tanto los hermanos como la madre, después de un par de años de la muerte del padre, destituyen a Juan Luis como figura paterna (*El desencanto,* minutos 43-95). Este relato proporciona también una serie de imágenes fotográficas de Leopodo María cuando era niño. La narración, quizás la más larga e ininterrumpida de la cinta, con la cámara enfocando de medio plano a un Michi más relajado que de costumbre y sentado ante la mesa fumando, se inicia con fotografías de un jovencísimo Leopoldo, feliz, jugando con su madre, comiendo de la mano de ésta, mientras su hermano Juan Luis lo está observando a la distancia; fotos premonitorias, quizás, de la rivalidad y la distancia entre los dos hermanos. Es ahora cuando aparece Leopoldo, bebiendo en un bar, hablando de la cárcel y de las celdas de castigo. Su entrada, por tanto, se produce en total sincronía con el relato de la decadencia y ruptura familiar que está narrando Michi y transforma el documental, que hasta ahora había sido una especie de crónica familiar, en una exacerbada crítica de los aparatos represivos e ideológicos del Estado.

Durante esta tercera y última parte centrada en la aparición de Leopoldo María, se sobreponen los relatos narrativos de Felicidad sobre su hijo Leopoldo María, «mi gran complicación», las intervenciones de éste desde el bar, hablando de la esencia disciplinaria y represora de las instituciones estatales y sociales (colegio, cárcel, así como también de las instituciones de la familia y de la psiquiatría), las intervenciones de Michi narrando de forma pormenorizada la entrada en la decadencia familiar, y las conversaciones entre los dos hijos y la madre, a los que encontramos paseando al lado del colegio al que acudieron los hermanos cuando eran niños o sentados enfrente de la fachada del mismo colegio. Durante estas conversaciones, complementarias a los monólogos ante la cámara de los tres personajes, se recogen las vivencias y afectos de los tres en relación a la enfermedad mental de Leopoldo María, a sus actividades políticas que afectan directamente al bienestar de la familia, a sus intentos de suicidio y a sus estancias en hospitales y manicomios. En estas conversaciones y en los planos intercalados del bar y la casa de Astorga, desde donde hablan Michi y Felicidad, los tres personajes construyen una imagen terrorífica de la «épica familiar», como la llama Leopoldo María, para contraponerla a una realidad atrapada bajo los efectos de esa épica familiar en Leopoldo María: alcoholismo, enfermedad mental, impulsos autodestructivos, odio y resentimiento a la familia, etcétera.

Todo ello hace emerger con fuerza un discurso radicalmente crítico a unas instituciones sociales e ideológicas (colegio, cárcel, hospitales, discurso médico) que irán, poco a poco, reconstruyendo no sólo la leyenda familiar («me figuro que romántica», diría Leopoldo) sino también la «leyenda nacional» (a través, precisamente, de una articulación intensamente crítica hacia la pedagogía nacional dominante durante el franquismo y hacia los valores éticos y familiares bajo los que se constituían las «familias» franquistas) para hacerla surgir como una «verdad» paralela a la experiencia de un padre brutal y ausente, y una madre cobarde y alienada, que solamente han sabido dejar como herencia un presente de ruina y un fin de raza, sin descendencia posible.[23] La entrada de Leopoldo María en la escena redondea y extiende más allá de la

23. Para una interesante lectura sobre Felicidad Blanc como «madre España» (en paralelo a Leopoldo Panero como Franco), recomiendo la sección dedicada al documental de Chávarri de *El mono del desencanto*. Vilarós comenta: «Ultraja-

novela familiar el desmantelamiento de la leyenda épica sobre la que se habían construido esos años y que Chávarri, a través de su documental, ha emprendido a partir del testimonio de los Panero. Su aparición pone en la superficie ya de forma incuestionable la ruina a la que ha dado lugar un pasado dominado, sin ambigüedades, por el desastre. Por esta razón, *El desencanto* es, fundamentalmente, el relato de una historia de destrucción, muerte, pérdida (ocurrida bajo el franquismo) y de supervivencia que utiliza la imagen como su modo de reconstruir y hacer legible la herencia que todavía no ha sido asumida. No es tanto la historia de los años del franquismo bajo los que crecieron los hijos del poeta adepto a la ideología de la dictadura; es, en contraste, la historia del tránsito entre aquella época y ésta; tránsito que obliga a esos dos tiempos a convivir en una temporalidad que anticipa un futuro (el que se traza en la noción 'fin de raza') y actualiza un pasado en/por la ruina del momento presente. Inicio, pues, de un duelo imposible, el documental acaba poniendo en la superficie la catástrofe a la que ha dado lugar un pasado corrompido por la presencia de un padre omniausente y omnipotente. Excepto Michi, único quizás interesado en llegar a término con él (tarea imposible, como demostrará el siguiente documental, *Después de tantos años*), el resto de la familia se concentrará en una memoria de supervivencia que da testimonio de esa catástrofe. Afirma Cadava:

> There can be no image that is not about destruction and survival, and this is especially the case in the image of ruin. We might even say that the image of ruin tells us what is true of every image: that it bears witness to the enigmatic relation between death and survival, loss and life, destruction and preservation, mourning and memory. It also tells

---

da por un marido infiel, inconstante e impredecible, herida también por el abandono intelectual y sentimental en que éste la dejaba para compartir su camaradería y amistad, en cambio, con el amigo íntimo, el poeta Luis Rosales, Felicidad Blanc queda enlazada desde el blanco y negro del texto de Chávarri con la constante y recurrente figura de la Madre España, la misma o parecida figura atormentada que una y otra vez aparece en la representación artística de las diversas historias de la patria» (1998: 51).

> us, if it can tell us anything at all, that what dies, is lost, and mourned within the image-even as it survives, lives on, and struggles to exist-is the image itself. This is why the image of ruin-again, speaking for all images-so often speaks of the death, if not the impossibility of the image (2001: 35).[24]

El desencanto, entonces, se constituye como *la* imagen de la ruina, *en base a* la ruina, no sólo a la ruina como metáfora sino también como *la* realidad que se expresa en las imágenes. Por ello, tiene sentido, o adquiere sentido a la vista de la narrativa fílmica, que el documental se inicie con una foto cuyas imágenes contienen simultáneamente la 'verdad' de la leyenda familiar (la perfecta madre con sus perfectos hijos varones) y 'la verdad' de la familia real (la presencia omitida de un padre autoritario y violento al que hay que matar —según Medina, el parricidio sería el objetivo que recorre la narrativa del documental—), para poner en marcha un mecanismo narrativo donde imagen y palabra se conjugan con la intención de producir la posibilidad del lenguaje, es decir, la posibilidad de la historia. La imagen quiere hablar; y lo hará de la forma en que lo hace una imagen, o sea, al decir de Benjamin, llevando la historia a su destino. En otras palabras: lo hará devolviendo a la experiencia contemporánea —la ruina del presente— su carga temporal real para así enfrentarse a una herencia que, sin haber sido asumida, abre el tiempo del sujeto y la historia a su dislocación. Michi está comprometido a devolver su herencia al ámbito de la promesa. Por eso es el único que en realidad traba-

---

24. «No puede haber imagen que no sea sobre destrucción y supervivencia, y este es especialmente el caso de la imagen de la ruina. Incluso podemos decir que la imagen de la ruina nos dice cual es la verdad de cada imagen: que [ella] ofrece testimonio a la enigmática relación entre muerte y supervivencia, perdida y vida, destrucción y preservación, duelo y memoria. También nos dice, si nos puede decir algo, que lo que muere, lo que está perdido y lo que produce el duelo en la imagen —incluso si sobrevive, si continua viviendo, y pelea por existir— es la imagen en sí. Ésta es la razón por la que la imagen de la ruina —otra vez, que habla por toda imagen— con frecuencia habla de muerte» (mi traducción).

ja su impulso melancólico (ése que paraliza a Juan Luis o convierte en cadáver a Leopoldo María) hasta convertirlo en duelo. Acosado por sus fantasmas, por el fantasma de su/la historia, debe dar testimonio de ellos para que así surja la posibilidad de su legibilidad. Pero *El desencanto* es, todavía, incapaz de desenmarañar el secreto de la herencia y, por ello, el padre, su efigie, debe permanecer al final de la cinta, tapada y bien atada. Michi sigue en duelo, prendido de un presente acosado por su carácter de tránsito, de fin de raza; un duelo que insistirá en encontrarse con su narrativa en ese otro documental que pide se realice en 1994, cuatro años después de la muerte de la madre y que, esta vez, Chávarri se niega a filmar.

IV

Sin embargo, no será el documental de Ricardo Franco el que logre acallar los fantasmas de la historia. Al contrario: *Después de tantos años* es, en alguna medida, el fantasma reaparecido de *El desencanto*, su repetición *en* su diferencia. Ya no es el pasado de la familia Panero lo que origina este documental; el referente es ahora, de forma poco sorprendente, el documental de 1975 y el papel específico que éste tuvo en la evolución de los hermanos y la madre. Más allá de darnos una imagen más degradante y más ruinosa del tiempo presente que la que ya había ofrecido Chávarri (que ahora se consigna e inscribe en varias ocasiones en el texto como el tiempo de la ruina y el tiempo de la derrota), *Después de tantos años* replica, casi paso por paso a través de la reproducción de escenas, fotogramas, relatos, etc., el anterior documental para hablar *otra vez en los mismos términos* de la muerte del padre y, ahora también, de la muerte de la madre, así como de la relación entre los hermanos y su situación actual. Se trata de nuevo de un relato de memoria, pero esta vez se inicia no con una imagen, sino con puro lenguaje que viene con la voz en *off* de Michi hablando de la memoria mientras se intercalan fotogramas de la casa de la familia en el presente y tal como aparecía en *El desencanto*.

No resulta extraño ni sorprendente, por tanto, el hecho de que *Después de tantos años* comience, a modo de introducción antes de los créditos, con una reflexión de Michi sobre la memoria y de que todo el film llegue a constituirse como una narración de la más absoluta devastación en la que se encuentra la familia, compuesta ahora de los tres hermanos: Michi, en un estado físico deplorable a causa de una polineuritis y el alcohol —que le causó una cirrosis de la que apenas sobrevivió—, en el momento del documental vive en Mondragón; Leopoldo María, depauperado y también en un estado físico lamentable por los efectos de su vida en los hospitales psiquiátricos; y Juan Luis, apartado de la familia y retirado en un pueblo del Ampurdán, con una actitud de absoluto desapego y cierto desprecio a su familia. Todos ellos representados como últimos residuos de «esa raza» que no tienen intención de perpetuar. Efectivamente, el documental de Ricardo Franco, rodado otra vez a petición de Michi y a modo de secuela de *El desencanto*, se centra en la narración de este último que, de acuerdo a D'Lugo, «guía el film a través de una reflexión de los efectos del anterior *El desencanto* sobre la vida de los tres hermanos... y sobre los destinos de esa generación que maduró en los últimos años de la dictadura» (1997: 50).[25]

A diferencia de su antecedente, que constituye su narrativa como una memoria desencadenada por el homenaje al padre-poeta y centrada alrededor de la vida de la familia durante los años en los que el padre vivía, tiempo en el que se origina el desencanto actual, *Después de tantos años* se centra de forma más explícita en el presente (1994) como ruina a partir del cual sólo se puede construir una narrativa de enfermedad y muerte. Pero también se articula alrededor de la idea/experiencia de una temporalidad finita (la muerte) que camina irremediablemente hacia la más absoluta derrota.[26] Efectivamente,

25. D'Lugo también afirma que *Después de tantos años* «todavía provee de algunas sorprendentes perspectivas sobre el proceso de cambio político y cultural en los años de la transición de la dictadura a la democracia en España» (1997: 159).

26. La idea de temporalidad como acontecer, como paso del tiempo —en contraste a tiempo como transición, tiempo de partida de un tiempo/momento y de llegada a otro tiempo/momento— viene de la mano, podríamos decir, de ciertas imágenes recurrentes a lo largo del documental: las nubes tormentosas pasando por y ocupando la pantalla, la ola gigante que arrasará, anticipamos,

según se desprende del título, de la breve explicación textual sobre el documental que vamos a ver y del estado de la familia en ese año, la representación del tiempo se hace ahora desde el más inmediato malestar contemporáneo para desde él enfatizar que su primera parte, *El desencanto*, no fue otra cosa que un intento de mitificación del pasado (un duelo, podríamos decir) y de la relación que aquel aparato de memoria establece este nuevo relato. La reflexión del documental se realiza en torno a la conciencia de que la memoria es una pura invención del pasado (la memoria *es* ficción). Ya no interesa tanto el mito familiar en sí mismo; ya no interesa la figura del padre como origen y causa del desencanto y de la ruina familiar, aunque su ausencia sigue siendo foco de atención (por tanto, sigue sintiéndose como una ausencia omnipresente) y punto de partida para la narración actual (como sugiere el hecho de que durante los créditos un paisano habla a la cámara de la muerte de Leopoldo Panero y de sus efectos sobre la familia; pero esta muerte se presenta ahora como parte de la narrativa del *El desencanto*, y no como evento en sí); tampoco interesa el pasado como tal, ya que lo que se explicita claramente es el tiempo de la narración, de la memoria (esto es lo que propone Michi como el proyecto de este segundo film). Lo que ahora está en juego, como ya lo había estado en la cinta anterior pero bajo otros presupuestos teóricos —allí interesaba poner de manifiesto los fundamentos y fundaciones del *mal* contemporáneo— es la condición temporal que produce, en el aquí y ahora, una mirada prendida en un *presente* de derrota y en un *futuro* de destrucción (el tiempo de la derrota para Juan Luis; el tiempo de la ruina para Leopoldo María). En relación a esto, adquiere sentido la obsesión que la cámara muestra por el cuerpo de los tres Panero; efectivamente, se repiten los *close-up* sobre

aquello que se encuentre en su camino y, sobre todo, la presencia de esos huesos (los restos humanos) de la familia Panero que se exponen en cajas de cartón al principio y al final del documental. Hay pues un énfasis que sugiere la muerte como momento de llegada y como momento final, cosa que no ocurre en *El desencanto*, donde tanto el presente como el futuro todavía contienen una posibilidad promisoria.

Michi en la cama, construyéndolo como si de un cadáver se tratara; sobre el cuerpo de Leopoldo María, desnudo en la ducha del hospital psiquiátrico o enseñando enfáticamente el efecto de una vida dura y cruel; o en cierta bonanza de Juan Luis pero cuyo cuerpo nota el paso de los años (gordura, por ejemplo). En este sentido, me parece que la razón temporal bajo la que se emprende la narrativa de *Después de tantos años* ya no está ligada al deseo del duelo (consignado bajo ese grito de Michi cuando muere el padre de «éramos tan felices» sobre el que se construye la leyenda épica familiar) sino a la radical melancolía que produce la conciencia de la finitud, a partir de una biografía, sin duda, marcada por la (auto)destrucción. Ello produce que Michi, que es otra vez el que pide a Chávarri y después a Franco que ruede otro documental, ofrezca un interesante preámbulo sobre el carácter ficticio de la memoria, su carácter de narrativa falsa, a modo de introducción de un texto que se plantea, al menos en parte, como un texto de memoria (de la memoria de *El desencanto*). Dice Michi, abriendo el film y mientras se presentan imágenes en color de la casa en ruinas (la casa en la actualidad) y en blanco y negro de la casa en su gloria pasada:

> La memoria es lo más cruel que hay en el mundo, ¿no? Porque te recuerda permanentemente que cada día eres más viejo y que cada día estás más cerca de la muerte. Pero bueno, el recurso a la nostalgia es lo más fácil y, digamos, lo he hecho tan mal [...] pero es que antes era muy bonito, ¿no? Pero no era bonito [...]. Sufres muchísimo. Lo que pasa es que luego te lo inventas [...]. Y ya en *El desencanto* estaba pillándola con que bonito era todo, ¿no? Yo creo que es un *abc* de mentira que se dice sistemáticamente uno a sí mismo, ¿no? Quizás para ocultar que todo ha sido un fracaso, ni más ni menos. Ni era bonito entonces, ni era bonito ahora y posiblemente sea mucho peor pasado mañana, ¿no? Siempre se mitifica este tipo de cosas; siempre se mitifica el pasado [...] y cuando se muere mi padre [...] yo me paso el rato inventándome lo que decía en la película aquella, eso de que éramos tan felices.

De este modo, *Después de tantos años* es la narrativa de la historia del presente, de una historia cuyo punto de partida es una narrativa de memoria, *El desencanto*, pero que se interesa ahora en «una memoria que te recuerda que te estás muriendo día a día». De ahí que la imagen más reveladora que surge de la narrativa y de la imagen fílmica sea la de derrota y la de fracaso.

A esta reflexión sobre la memoria, producida en *off*, mientras la cámara ofrece estampas de la casa de los Panero en Astorga y varios *close-up* de la cara de Michi, le suceden los créditos, simultáneamente a los cuales un paisano habla a la cámara sobre la muerte de Leopoldo Panero y los efectos que ese suceso tuvo sobre la vida de los hijos. Los créditos finalizan con una dedicatoria a Jaime Chávarri y dan paso a una ola gigante y a la voz en *off* de Leopoldo María leyendo un poema de su libro *Poemas desde el manicomio de Mondragón*, «Un loco mirando desde la puerta del jardín». La cámara se acerca la portada del poemario, fijándose, con un intenso *close-up*, en la palabra manicomio y deja ver, al abrir el libro, el poema que estamos escuchando. Otro *close-up* del texto se fija en dos palabras del último verso, «mi ruina»:

> Hombre normal que por un momento
> Cruzas tu vida con la del esperpento
> Has de saber que no fue para matar al pelícano
> Sino por nada por lo que yazgo aquí entre otros sepulcros
> Y que a nada sino al azar y a ninguna voluntad sagrada
> Del demonio o de dios debo mi ruina.

Así es como entran en escena los dos hermanos y también como se introducen dos de los temas alrededor de los que se va a articular la reflexión de *Después de tanto tiempo*: la memoria desde su calidad de narrativa ficticia y la ruina como un estado del ser actual. El tercer tema, la muerte, se inserta en la escena inmediatamente después de la recitación del poema, cuando Michi, mientras se pasea por el cementerio donde están enterrados los Panero, nos relata la limpieza del panteón/tumba familiar «llena de huesos flotando» (en dos ocasiones la cámara se concentra en los huesos y en una calavera metidas en cajas de cartón, enfatizándose en tal imagen, la idea de restos). El cementerio es motivo e imagen recurrente y por él se inscribirá la máxima que, en mi opinión, guía esta narrativa, «estamos todos muertos», y, en consecuencia, somos todos fantasmas, restos.

Después de tantos años tiene una estructura similar a *El desencanto* en la medida en que combina acertadamente, y con una carga importante de significación, planos de los hermanos hablándole a la cámara —mientras pasean por el cementerio familiar, por la playa, la casa, el sanatorio psiquiátrico— con fotografías familiares (siempre recordando momentos felices) o escenas del primer documental. Sin embargo, existe una importante diferencia entre los dos documentales. En el segundo, los tres hermanos nunca aparecen juntos, aunque Leopoldo y Michi se encuentran al final en el cementerio familiar. Según Marsha Kinder, esto se debe a que ellos mismos pusieron como condición no ser filmados juntos. Por este motivo, dice Franco, citado por Kinder: «No es un film sobre la familia Panero, que ya no existe, sino la historia de tres hombres de mi generación, la historia de *mi* generación» (1997: 94) Al igual que el franquismo es ya historia, la familia Panero es historia. Lo que queda de ambos —y esto es el núcleo narrativo del documental— son sus restos, sus residuos, aquello que ha provocado la imposibilidad de un futuro: esta generación ha estado incapacitada para negociar el horror del pasado y, por tanto, ha convertido el presente (y el futuro) en cadáveres supervivientes que deambulan por cementerios mientras rumian las razones de la ruina y la derrota. Es pues a partir de la muerte de la familia —pero de su contundente presencia a modo de espectro— que el film, deseando ser también una reflexión sobre su antecedente, se concentra en la muerte del padre (prácticamente de la misma manera que ya lo había hecho *El desencanto*), en la muerte de la madre (narración a través de la cual vemos la total ruptura de los lazos familiares entre los tres hermanos) y en el estado actual de los Panero cuyo propósito es mostrarlos en una radical temporalidad de ruina (Leopoldo), de enfermedad y orfandad (Michi) y de derrota (Juan Luis). La idea de ruina enmarca el documental (junto con la reflexión sobre la memoria) con la lectura del poema de Leopoldo leído a modo de anticipación y con ese enfático *close-up* sobre la palabra 'ruina'; la enfermedad y orfandad se presenta a través de la insistencia de la cámara en construir a Michi como cuerpo enfermo (incluso acercándolo a la muerte en una escena recurrente donde la cámara recorre su cuerpo como si de un cadáver se tratara y asociándolo por contigüidad al cementerio, por donde se pasea durante todo el film) y la derrota, cuya temática y presencia aparecen en escena cuando lo hace Juan Luis leyendo también él en voz en *off* un poema, en torno al paisaje del Ampurdán, donde vive:

> Después de tantos años conocemos las preguntas
> Y sus vagas respuestas
> Pero aún así surgen las palabras
> Que se esfuman como el humo de los cigarrillos
> O de la chimenea
> Impasible como la madera
> Indescifrable como la ceniza
> Asisto a tu remota presencia
> Tan cercana
> Sabiendo que tus labios
> Y esta copa roja
> Sólo anuncian, reflejan
> Un tiempo de derrota

Según Kinder, quien hace una interesante lectura del uso del paisaje ampurdano como elemento importante para añadir sentido al estado actual de Juan Luis (aparentemente el menos 'arruinado') e incluso a la razón final del documental, él es el personaje más derrotado de los tres ya que «su soledad es constante, [y el] abandono de sus miseria parece la más severa» (1997: 98).

Ruina, enfermedad y derrota; estos aspectos, estas experiencias y afectos retratan a cada uno de los personajes que son, esta vez, el centro de la narración, desplazándose a una posición secundaria la reflexión sobre la familia que había dirigido *El desencanto*. Lo que está ahora en juego es lo residual, aquellas huellas que marcan indeleblemente un presente de vacío y de desolación cuyas raíces se encuentran —confirman esas huellas— en un pasado que ha dejado una herencia que no se deja leer. Lo residual es lo que compone el presente, lo que lo habita haciendo que sea como es. Sin embargo, *eso* residual conecta temporalidades dislocadas que pugnan por hacer legible esa herencia que está ahí para ser reconocida y leída. *Después de tantos años* juega con el elemento residual a partir de estas imágenes de ruina (que apuntan al pasado familiar de grandeza que vemos en los fotogramas de la casa y del escudo), de enfermedad y de derrota, que quizás ahora hablen de la familia Panero (como dice Franco) en la medida en que ellos *representan* la historia de una generación (también según su director) que ha visto a su familia (la familia franquista) devorar a sus propios hijos y, así, dejar como herencia sus restos y despojos.

La muerte del padre, esa figura que está fuera de la ley porque él es la ley, ha desaparecido, pero no así su estado de excepción, su ley. Los hijos de ese padre no han sabido, ni mucho menos, provocar esa revolución capaz de producir una transformación radical de la temporalidad lineal y homogénea que guía la historia del progreso (*nuestra* historia) y, en consecuencia, permanecen atrapados en una historia cuya herencia sigue sin asumirse, sin leerse y, por tanto, sin abrirse a su razón justa. Los fantasmas, los residuos dejados al margen de la historia, continúan ejerciendo su presencia a modo de monstruo (ese magnífico Frankenstein, hijo artificial creado por las manos del hombre, que Ricardo Franco incluye en su documental a modo de invocación) hasta que ese 'fin de raza' se transforme en otra cosa. Aunque ni *El desencanto* ni *Después de tantos años* son documentales sobre la historia en general o sobre el franquismo y la Transición en particular, la historia de estos 'momentos históricos' es parte central de su puesta en escena. Benjamin nos diría: «En la ruina, la historia materialmente se ha distorsionado en la escena. Y, pensado de esta manera, la historia no asume tanto la forma de promesa de vida eterna como de decadencia irresistible» (citado en Cadava 2001: 43; mi traducción). Al hablar de la familia Panero y, en el segundo documental, sobre los hermanos Panero como miembros de una familia desaparecida («No es un film sobre la familia Panero, que ya no existe», afirma el director) se está trayendo a esa escena la historia como decadencia, como ruina constituida en esa imagen central y, por ello mismo, constituida como razón temporal (cf. Kinder 1997: 94). En este sentido, Cadava afirma: «Esta ruina significa que la imagen no significa, [que] no designa nada —especialmente porque se refiere al tiempo, a un tiempo cuya historia es siempre una historia de ruinas» (2001: 43; mi traducción). La ruina, de este modo, interrumpe el devenir temporal (el que dirige la razón histórica) haciendo que «no pueda haber tiempo histórico. No [hay] historia sin la interrupción de la historia. No

[hay] tiempo sin la interrupción del tiempo. No hay imagen sin la interrupción de la imagen» (ibíd.: 44). De este modo, el documental se constituye como la historia de la ruina o, en otras palabras, como la explicitación de una temporalidad dislocada que, en esa dislocación, hace emerger la marca de lo histórico o, si se quiere, señala hacia su presencia omitida.

Memoria, huellas, ruina, transición de generación a generación, narrativas derrotadas de una promesa (que da lugar a un duelo imposible, el de Michi, empeñado en traer los fantasmas al centro; a una melancolía paralizante, la de Juan Luis; o que produce monstruos, la de Leopoldo) requieren acercarse a las historias del relato histórico desde una temporalidad dislocada, simultáneamente a-histórica y radicalmente histórica, para darle sentido a un presente atrapado en una realidad espectral (descoyuntado) cuya demanda se dirige a volver hospitalaria la convivencia entre temporalidades disyuntas y así hacer legible un legado que está ahí, omitido pero presente, para hacerle justicia —siéndole infiel— y convertirlo en herencia como condición de posibilidad: «La elección crítica reclamada por toda reafirmación de la herencia es también, como la memoria misma, la condición de finitud. El infinito no hereda, no se hereda. La inyucción misma (que dice siempre: elige y decide dentro de aquello de lo que heredas) no puede ser una sino dividiéndose, desgarrándose, difiriendo ella misma, hablando a la vez varias veces —y con varias voces» (Derrida 1994: 16). Los documentales de Jaime Chávarri y de Ricardo Franco, con sus juegos de temporalidades dislocadas y de la emergencia sin aspavientos de un presente dominado por la más desolada ruina, ponen en marcha una historia alternativa, a contrapelo, de la historia de la Transición (de la historia de la generación que representan los hermanos Panero); una historia que, al centrarse en la derrota del presente y en la violencia omitida del pasado, cuestiona las políticas temporalizadoras de la marcha de España hacia una historia de 'progreso', esas políticas del tiempo (histórico) que conformaron la contemporaneidad de ese periodo como algo nuevo y único, por siempre y para siempre, alejado de un pasado ominoso que, sin embargo, 'se cerró' con una violenta ley-decreto bajo el dominio de un estado de excepción que nunca expiró.

De este modo, Chávarri y Franco, bajo la demanda de Michi de traer al relato los fantasmas familiares, afirman la verdad escondida en aquellas palabras de Benjamin: «Nothing that has ever happened should be regarded as lost for history» (1968: 254).[27] Los dos cineastas saben romper, en sus documentales sobre la familia Panero y bajo el análisis de la figura paterna, esa lógica historicista que guía la modernidad y legitima, sin fisuras o cuestionamientos, la noción de temporalidad lineal bajo la que se produce, sin rupturas y sin conflictos, la transición de la dictadura a la democracia, permitiéndose así la entrada en la narrativa de los residuos de un pasado que forman parte intrínseca de la historia del presente y del futuro pero a los que no se les ha dado entrada en el relato de la historia.

27. «Nada de lo que ha ocurrido debe tomarse como historia perdida» (mi traducción).

4.

Historia(s) de espectros: *La comunidad* de Álex de la Iglesia

En un interesante artículo periodístico sobre la aparición, en el año 2000, de los primeros restos de los desaparecidos de la Guerra Civil encontrados en las fosas comunes de Piedrafita de Babia, Benjamín Prado se pregunta:

> Qué esconde la tierra que pisas, qué minerales, raíces, aguas ciegas o seres del subsuelo. Siempre me ha parecido inquietante pensar en ese mundo oscuro de debajo del mundo, pensar en esa tierra indescifrable donde el que cava puede encontrar una moneda antigua, un anillo perdido, una bala o un muerto. En España las balas y los muertos están por todas partes [...] (2002).

Si hay algo que la reaparición de los desaparecidos en forma de restos consigue es dislocar la temporalidad histórica. Quebrar esa linealidad que permite sentir la seguridad de que el pasado no regresará, de que los pasos se dirigen, inevitablemente, hacia adelante, de que el pasado está partido, quizás no como recuerdo, pero sí al menos como tiempo de responsabilidades y de justicia. Sin embargo, junto a la reaparición del desaparecido se produce la reaparición del pasado (del afecto y de la experiencia del pasado) en la forma de esos remanentes y en los afectos que ellos hacen emerger. Ello es lo que disloca la temporalidad, lo que desajusta la experiencia del tiempo, al enfrentarnos a un pensamiento tintado de sentimientos de extrañeza, de incertidumbre y de desfamiliarización producido, precisamente, por la aparición de fugas en esa temporalidad lineal a la que el sujeto humano se aferra. La presencia del pasado en forma de esos remanentes que, ahora se sabe, pertenecen a un sujeto todavía vivo, en la medida en que nunca se ha visto como cadáver, nunca se ha identificado o declarado como 'muerto', nunca por tanto se ha olvidado como departido, convierte al presente, de repente, en el espacio donde el espíritu se encuentra con su corporeidad. El espíritu del desaparecido se transforma, ante este encuentro, en fantasma, en espectro:

> The specter is a paradoxical incorporation, the becoming-body, a certain phenomenal and carnal form of the spirit. It becomes, rather, some «thing» that remains difficult to name: neither soul nor body, and both one and the other. For it is flesh and phenomenality that give the spirit its spectral apparition, but which disappear right away in the apparition, in the very coming of the *revanant* or the return of the specter (Derrida 1994: 6).

Comienza así, por y en el encuentro entre espíritu y cuerpo, un trabajo de duelo que dislocará el *tempo* histórico de la historia y lo convertirá en una no-contemporaneidad a sí que, siguiendo a Derrida, permitirá preguntarse, desde una conciencia radicalmente ética, por un «dónde, dónde mañana, hacia dónde» (1994: xviii).[1] Es decir, la premisa que impulsa tal cuestión es, precisamente, el conocimiento de que la reflexión sobre la historia, sobre lo partido, se origina en la necesidad y en la responsabilidad de, «speak [...] about ghosts, inheri-

1. La cita completa dice así: «Without this *non-contemporaneity with itself of the living present*, without that which secretly unhinges it, without this responsibility and this respect for justice concerning those who *are not there*, of those who are no longer or who are not yet *present and living*, what sense would there be to ask the question 'where?' 'where tomorrow?' 'wither?'».

tance, and generations, generations of ghosts, which is to say about certain *others* who are not present, nor presently living, either to us, in us, or outside us, it is in the name of *justice*» (ibíd.).

Concebir la historia como una historia de espectros supone, entonces, romper con la certidumbre de que la vida se mueve bajo la realidad de que a un principio le sigue un medio y a éste un final; de que a la vida le sigue inevitablemente la muerte y a la finitud la eternidad. La reaparición del espectro pone en duda esta concepción de la historia y enfrenta al sujeto y a la comunidad a la inseguridad de una realidad (de un suceso) que ya no pertenece al tiempo pero que, precisamente por eso, forma parte de la más fundamental contemporaneidad. La teoría derridiana del espectro señala fundamentalmente a una novedosa política de la memoria que se hace cargo de la herencia.[2]

Este capítulo busca reflexionar, como ya lo hicieron los anteriores, sobre la reciente cultura de España desde esta idea de política de la memoria como guía para pensar la historia. No ya el evento, sino su remanente; no ya el espíritu, sino su devenir espectro; no ya el ayer, el hoy y el mañana, sino la no-contemporaneidad que despierta el encuentro del cadáver. Es desde estos nuevos términos que ofrece Derrida, desde la noción de no-contemporaneidad a sí a la que el trabajo del duelo da espacio, desde donde me gustaría pensar la relación entre el franquismo y la democracia. Y para hacerlo a través de la relación entre un texto visual y la discursividad, analizaré una película del año 2000 de Álex de la Iglesia que, como intentaré demostrar, sin hablar de historia, escenifica la no-contemporaneidad a sí de la historia; sin hablar de la nación, escenifica la fantasía de lo que es la comunidad nacional española; y, finalmente, sin hablar de la relación entre franquismo y democracia, pone en escena ejemplarmente la continuidad entre las temporalidades que ocupan ambos momentos y ambos aparatos ideológicos. También reflexionaré sobre un importante suceso que ocurre en el mismo año en que se estrena el film de Álex de la Iglesia y que tiene la virtud de cuestionar abiertamente las políticas de la memoria que la etapa democrática, desde su inicio en la Transi-

2. Derrida se refiere, como es sabido, a la herencia de Karl Marx.

ción, hace hegemónicas: el silencio sobre los desaparecidos de la Guerra Civil y el franquismo. Me refiero al encuentro y desenterramiento de cadáveres en las fosas comunes de la guerra y que dio origen a la Asociación para la Recuperación de la Memoria Histórica, activamente implicada en revisar —desde el grito y la evidencia, reuniendo al espíritu del desaparecido con su cuerpo y dándole localidad y localización— el pasado reciente del país.

Muchos críticos culturales, historiadores y estudiosos de la España contemporánea nos han mostrado, en mi opinión de forma convincente, que la historia reciente de España se mueve del lado de los espectros.[3] Labanyi, Medina, Subirats, Resina, Vilarós y yo misma hemos hecho hincapié en que la transición de la dictadura a la democracia fue, en realidad, un momento perfecto para hacer, desde una fundamental continuidad con el franquismo, un corte limpio con el pasado y, en consecuencia, erigir el más inmediato presente como el momento de privilegio.[4] Corte limpio que da origen a nuevos comienzos, a nuevas historias, a nuevos futuros; que da origen, también, al olvido de los muertos, de los desaparecidos, de los cadáveres no enterrados, de los cadáveres enterrados en fosas comunes, de las prisiones, de las rebeldías y las revoluciones fracasadas. Olvido, para el bien de la nación —se temía, dicen, una posible repetición de la historia—, de un pasado violento con el que todavía no había, después de un silencio de 40 años, posibilidad de reconciliación. El presente, si se convertía exclusivamente en momento de nuevas fundaciones, se abriría a un futuro prístino en el que ya se podría percibir/sentir un viejo sueño español: el horizonte europeo.

Los autores mencionados hace un momento presentan reflexiones y críticas interesantes hacia el proceso de democratización en España; algunos de ellos se basan en esta idea del presente como 'nuevo' origen,

3. Remito a los trabajos de Jo Labanyi, Joan Ramon Resina y a mi libro *Cultura herida* para una reflexión sobre la cultura de la democracia en este sentido.

4. Esto es precisamente lo que significa la *movida* para el imaginario español. Un nuevo comienzo para una nueva España. Sin embargo, se puede hacer una lectura de la *movida* como un movimiento cultural de resistencia y anclado, también, en la tradición. Véase Moreiras-Menor (2007).

como momento fundacional —que surge, recordemos, a raíz del interés de la hegemonía cultural de representar la posdictadura como un momento fundacional en sí mismo, sin nada que ver política, social o culturalmente con los años anteriores— (cf. Moreiras-Menor 2002a: cap. 1). De hecho, algunas de las interpretaciones más convencionales y a la vez más ominosas sobre las representaciones culturales de finales de los años setenta y de comienzos de los ochenta, y que algunos de estos críticos ponen en entredicho, son aquéllas que ven la celebración, el goce y la desmemoria como sus rasgos identitarios. Recordemos que durante los años de la Transición, la producción literaria, fílmica y artística (la fotografía, la pintura, los libros de cómics, la música, etc.), o más concretamente, aquella producción que tiene más éxito y repercusión en la vida cultural del país, se mercantiliza bajo el lema de lo 'nuevo': la *nueva* literatura femenina, el *nuevo* cine, la *nueva* fotografía, la *nueva* música (la *Nueva* Ola), el *nuevo* diseño, etc. Tal novedad está íntimamente enlazada, obviamente, a esa *nueva* España en proceso de democratización, europeización y espectacularización. La novedad se convierte así, de un modo silencioso pero no por ello menos contundente, en un proyecto colectivo, liderado por las políticas culturales institucionales y compartido tanto por conservadores como por la ex-oposición franquista bajo un pacto de consenso destinado a reformar la vida española. De algún modo, el consenso (el pacto de silencio) rubrica el lema de que con la muerte de Franco muere el franquismo y con él la identidad cultural y nacional que dominó al país cerca de cuarenta años. Es así como la cultura de la inmediata posdictadura y sobre todo su símbolo cultural más sobresaliente, la *movida*, se erige desde la mirada oficial en la sublime representación de esta recién nacida España. La cultura de la *movida* (sobre todo la madrileña) representa ahora la España libre, la España moderna, la España que quiere ser aceptada en las redes internacionales del mercado. Y es así como sus protagonistas (Almodóvar sobre todo, pero también Ouka Lele, McNamara, Pérez-Mínguez, las Costus o Ceesepe, por nombrar sólo a unos pocos), convertidos por la administración (Tierno Galván, fundamentalmente) en un colectivo que tiende a cancelar su identidad personal y, por tanto, su singularidad artística, comienzan a 'leerse' desde el afuera de la historia, siempre desde una interpretación puramente presentista, enfatizándose como el símbolo más fidedigno para la nueva España que nace desde la 'muerte' del franquismo. En mi trabajo anterior ya propuse pensar la cultura de la Transición como un tiempo (puro presente) y un espacio (España) donde lo reprimido y olvidado emerge (o 'cae', en palabras de Vilarós) de forma ominosa abriendo tal tiempo y espacio al encuentro con su Real. Desde esta premisa interpretativa, la 'novedad' como discurso hegemónico anula de razón crítica la contemporaneidad en la que se produce y la abre a sus fantasmas; es decir, a lo que la novedad tiene de repetición, reproducción y recuerdo; se abre, en definitiva, a un tiempo anterior que la conforma y a un tiempo por-venir que la dirige.[5] En este sentido, Derrida afirma: «Here again what seems to be out of front, the future, comes back in advance: from the past, from the back [...]. Repetition *and* first time: this is perhaps the question of the event as question of the ghost» (1994: 10).

Mi intención en este capítulo no es, sin embargo, hablar sobre la cultura de la Transición como tal, sino de esa paradoja que se encuentra en la afirmación de Derrida: la noción y el acto de repetición implican necesariamente la aparición del objeto/evento por primera y, simultáneamente, por última vez; éste es el 'momento' espectral, el momento en el que la repetición se constituye como evento fundacional y terminal en la misma aparición, el momento que se impone como la condición de posibilidad para que los desaparecidos retornen a la escena de la historia y sean atendidos por ella. Pensar los muertos, pensar sus remanentes, es pensar la historia que se despliega ante la experiencia de la no-contemporaneidad; es decir, pensar los muertos es pensar, al mismo tiempo y en el mismo proceso de reflexión, los vivos.

II

La película *La comunidad* de Álex de la Iglesia se estrena en el año 2000, el mismo año en que se desentierran los primeros cadáveres de

---

5. Para una elaboración detallada sobre la *movida madrileña* en relación a la idea de «novedad» como concepto político, véase Moreiras-Menor (2001).

desaparecidos de la Guerra Civil, ya en plena democracia; en realidad, en una España para la que Europa ya no es horizonte, sino realidad; en una España ya enganchada plenamente al proyecto neoliberal internacional; y, finalmente, en una España ya, cada vez más, alejada de un pasado con el que apenas se reconoce. Desde esta realidad contemporánea, y desde su mirada oblicua, de la Iglesia provoca, a través de la sombra que el humor y el sarcasmo extiende en la pantalla, una reflexión sobre un país intensamente nacionalista (me refiero al nacionalismo español-castellano) heredado de un pasado no tan enérgicamente partido como se pretende y que se debate en una incertidumbre nacional (¿somos un país, o somos muchos?; ¿nos desmembramos o nos enriquecemos con el multinacionalismo?; ¿cuáles son nuestras señas de identidad nacional?) experimentada en el día a día por los conflictos que la periferia peninsular representa para la nación española. De este modo, *La comunidad* de Álex de la Iglesia observa, desde un punto anamórfico de su escena, la realidad española o, más concretamente, la fantasía colectiva sobre la que se asienta la idea de comunidad nacional.[6] Al situarse en este punto anamórfico —que obliga a ver la realidad desde un ángulo diferente al recto— se da entrada a las sombras espectrales que deambulan por la historia y que intentan adherirse a un cuerpo para poder ser reconocidas. Lo que se escenifica en *La comunidad*, me aventuro a afirmar, es el momento al que Derrida se refiere como el tránsito del espíritu al fantasma, donde el último adopta tal condición al haber encontrado un cuerpo al que unirse y a partir del cual, por este encuentro, el pasado se descongela para transformarse en la propia realidad contemporánea; el pasado, entonces, se hace ver, desde su presencia espectral, como realidad todavía radicalmente presente *en* su ausencia. Es decir, la aparición del espectro aboca a la historia a, en palabras de Derrida, «a moment that no longer belongs to time» (1994: xx).[7]

6. Tomo este término de anamorfosis del trabajo de Lacan (1973).
7. «A spectral moment, a moment that no longer belongs to time, if one understands by this word the linking of modalized presents (past present, actual present: 'now', the future present)» (1994: xx; «Un momento espectral, un momento que

En el año del estreno de esta película, como mencioné, todavía siguen vivos en España, aunque de forma muy marginal, y nunca apoyados honestamente por la hegemonía estatal o nacional, movimientos sociales que buscan fervientemente dar por inconcluso un pasado que todavía se experimenta como vivo, que buscan los cuerpos desaparecidos de familiares o amigos cuya ausencia no ha podido ser, medio siglo más tarde, objeto de duelo y, en consecuencia, de despedida. Son movimientos que, como el de la Asociación para la Recuperación de la Memoria Histórica, buscan desenterrar muertos, encontrar cadáveres, identificarlos y darles nombres y lugares de procedencia para así poder unir sus espíritus con sus remanentes y hacerles justicia. Otra vez en palabras de Derrida, hacerse cargo de los espectros como herencia es hacer una justicia que «carries life beyond present life or its actual being-there, its empirical or ontological actuality: not toward death but toward a *living-on* [sur-vie], namely, a trace of which life and death would themselves be but traces of traces, a survival whose possibility in advance comes to disjoin or dis-adjust the identity to itself of the living present as well as of any effectivity» (ibíd.: xx).[8]

En este proyecto de apertura hacia una historia todavía viva, sobresale, en mi opinión, esta película de Álex de la Iglesia, a la que, quizás por estar en clave cómica, no se la ha interpretado hasta ahora como una mirada crítica a un presente que, dominado por sujetos incongruentes, desubicados, reminiscentes de otras historias, de otros tiempos, nos ponen en contacto con las prácticas comunitarias más típicas del franquismo pero que, sin embargo, al decir de la película, pertenecen de una forma fundamental a nuestra propia contemporaneidad. La

---

no pertenece al tiempo, si se entiende por esta palabra la relación de los presentes construidos) pasado presente, presente actual, 'ahora', el futuro presente»).

8. «Lleva la vida más allá de la vida presente o su estar-ahí presente, su actualidad empírica u ontológica: no hacia la muerte sino hacia una *remanente de vida* [survie], es decir, una traza de cuya vida y muerte ellas mismas no serían sino trazas y trazas de trazas, una supervivencia cuya posibilidad disloca o desajusta por anticipado la identidad a sí del presente vivo y cualquier efectividad».

mirada oblicua, anamórfica del film, apela directamente al espectador, convirtiéndolo en *la* mirada significante, en *la* mirada capaz de dar imagen, y por tanto representación, al horror que puede esconder el espíritu nacional-comunitario. Porque, en realidad, *La comunidad* es un film que sin pensar directamente el tema del pasado nos enfrenta a una constelación de hechos que subrayan, por sus características y sus sentidos, la presencia de conductas comunitarias aparentemente obsoletas en una España moderna y europea, y que pertenecen a la parte más horrorosa de la España del siglo XX, al franquismo, pero que sin embargo siguen activas y tienen efectos en la experiencia social y afectiva del presente. En este sentido, y esto es lo que me interesará destacar en mi lectura del film, *La comunidad* nos acerca, desde esa mirada oblicua o de soslayo, a un objeto que sólo aparece en la representación si se mira el 'cuadro' desde el ángulo, de reojo; esa mirada se adentra en esa tierra que, como Benjamín Prado nos recuerda, se pisa, está ahí, pero está ahí sin ser vista y ocultando, sobre todo, un *otro* mundo debajo *del* mundo. Esa tierra indescifrable se vale de los que cavan, de los que desentierran y de los restos que éstos encuentran, para transformarse en tierra descifrable, para encontrar su sentido, para reunirse con su historia y para permitir el reencuentro del espíritu con su corporeidad. El cadáver, cuya reaparición convertirá la historia en la historia de los espectros, permitirá alcanzar ese objetivo ético y el proyecto de justicia que impulsa la actividad de la Asociación para la Recuperación de la Memoria Histórica. Como dice Santiago Macías:

> La recuperación de la memoria de los hombres y mujeres que construyeron nuestra primera democracia, en los años de la Segunda República, tiene muchas tareas pendientes. Por un lado está la excavación de las fosas comunes para ayudar a las familias a encontrar un descanso [...]. Es imprescindible que [a través de la excavación y del relato de sus vidas a través del testimonio de los familiares] esos hombres y mujeres tengan un nombre, un rostro, una identidad [...]. Hay muchos hombres y mujeres sin nombre, sin historia. Aquí regresan alguno de ellos, por los caminos de la memoria (Silva/Macías 2003: 129).

De la Iglesia no trabaja en las fosas, no desentierra muertos anónimos, pero sí propone su particular tierra cifrada y la abre, la excava, para devolverle su sentido, siempre a través de un humor lacerante y reflexivo, y a partir de una mirada que hace emerger, desde el rabillo del ojo, una realidad de otra forma invisible. El mecanismo que impulsa este proceso es el encuentro de un cadáver cargado de dinero, la desaparición de un vecino, el ingeniero, y la existencia de una comunidad de vecinos compartiendo un proyecto común y la llegada extemporánea de un agente extraño a la comunidad. Esta tierra abierta, destripada, no es otra que un edificio céntrico de Madrid, donde un agente de la propiedad inmobiliaria (Julia/Carmen Maura) temporalmente contratada, debe vender un piso. Julia, en una farsa delirante y esperpéntica que comienza cuando se hace pasar por la dueña de este piso y lo habita durante una noche, entra en contacto con la comunidad de vecinos, una piña de seres que recuerdan indistintamente a una masa de cucarachas (las mismas que caen en el dormitorio del ingeniero bajo el peso de los detritos del piso de arriba) o de buitres (los que son objeto de estudio en la televisión que Julia mira en el piso la primera noche), porque se mueven como una masa compacta bajo el liderazgo de su caudillo y administrador, Emilio. La trama empieza a enloquecer cuando Julia se encuentra un botín de 300 millones de pesetas que uno de los vecinos, sabremos más adelante, ha ganado hace más de 20 años, y que la comunidad de vecinos, considerando que el dinero le pertenece, intentará recuperar. Los vecinos, sin embargo creen que el viejo vive encerrado en la casa para escapar a una rígida y radical vigilancia y persecución que la comunidad ha decidido establecer sobre su vida al considerarlo un traidor por romper su compromiso con la comunidad; obviamente, tal compromiso es compartir con ella las ganancias de las quinielas. Al mismo tiempo, Julia, ya con el dinero en su posesión, se va enterando de que otro de los vecinos, un ingeniero, se ha negado a participar en este proyecto de sistemática vigilancia y control, y, un buen día, desaparece. Es suyo el piso que se pone a la venta y que Julia, mujer de su tiempo, moderna, activa y segura de sí misma, se encarga de vender.

Es pues la desaparición de este personaje no-comunitario, de este sujeto que decide no seguir las pautas que la comunidad establece, la que provoca la llegada de sujetos extranjeros (Julia y su marido Ricardo) y, como consecuencia directa de tal llegada, el plan de la comunidad comienza a resquebrajarse. Por otro lado, la llegada de Julia coincide con la ausencia del líder de la comunidad, Emilio, quien, por primera vez en más de 30 años, abandona el lugar para llevar a su familia de vacaciones a EuroDisney. El film se va desarrollando ante los ojos del espectador como una farsa delirante, donde los vecinos se representan como cucarachas y buitres, como sujetos moviéndose como una camada, siempre adheridos al proyecto comunitario (el dinero). Durante esta delirante persecución uno de los vecinos, Charli, siempre vestido como Darth Vader o como soldado imperial, ayuda a Julia a escapar por los tejados de Madrid. La historia termina cuando, semanas más tarde, Julia y Charli se reencuentran en un bar, «El Oso y el Madroño», donde bailan el pasodoble vestidos de chulapos madrileños al son del organillero, mientras reparten el dinero que Charli salvó de las manos de sus vecinos. La última escena muestra, así, una *otra* comunidad, esta vez la del Madrid más castizo y tradicional, un Madrid que retorna a comienzos de siglo XX, desde el folclore y las costumbres (el pasodoble y los chulapones), o hasta la Edad Media, en esa imagen emblemática de Madrid, el oso y el madroño, que representan a la ciudad en su más abundante flora y fauna desde el Medioevo. En esta escena que apunta, desde su más absoluta contemporaneidad hacia épocas anteriores, se proyecta el fondo a la felicidad de estos dos personajes.

«Ese mundo oscuro de debajo del mundo», dice Benjamín Prado, «[e]sa tierra indescifrable donde el que cava puede encontrar una moneda antigua, un anillo perdido, una bala o un muerto». En *La comunidad* se encuentran, curiosamente, moneda antigua y un muerto —capital obsoleto e historia desaparecida—; y también violencia. Álex de la Iglesia comienza su presentación con una escena que precede a la propia película. Y lo hace con una cámara cuya toma se hace desde arriba y va construyendo lentamente una escena que recuerda, precisamente, el mundo de un subsuelo penetrado donde se van a encontrar esos restos que le permitirán relatar una historia que produzca la cifra del sentido. Efectivamente, antes de la presentación de los créditos, la cámara, siguiendo a un gato, se va acercando paulatina y sigilosamente a un edificio, hasta adentrarse en movimiento descendente, a modo de diablo cojuelo, en sus entrañas. Detritus, basura acumulada, niveles de porquería apilados por todas partes y una marea de agua donde flota la basura, es lo que la cámara y el espectador van descubriendo. El gato, finalmente, se detiene en un cadáver en estado avanzado de putrefacción y comienza a comer lo que queda de las uñas. La cámara nos acerca, por tanto, a lo que el edificio oculta dentro de sí y muestra en su lento caminar el contenido de sus entrañas: los detritus y los restos de lo que compone la cotidianeidad de la vida comunitaria —un muerto abandonado en su hogar, ante la televisión, sin que nadie se percate de su existencia—. A esta escena le siguen, en una excelente mimesis de las películas de Hitchcock, los créditos donde, desde una estética de rojos, amarillos y negros fuertes y psicodélicos, los nombres de los actores se suceden en paralelo a dibujos de esqueletos y calaveras, de telas de arañas, de Julia en estado de pánico y, finalmente, de ojos cubriendo la pantalla, de ojos que nos apuntan, desde su sentido, al omnisciente divino. Fuera de la narración, puesto que todavía no ha comenzado la historia, pero siguiendo al descubrimiento del cadáver que realiza la cámara al entrar en el edifico, de la Iglesia enmarca el relato del film por venir bajo el sentido, por un lado, de la presencia de la historia desaparecida pero no por ello ausente (el cadáver pudriéndose en el interior del edificio) y, por otro lado, del panóptico y de la omnisciente vigilancia: control, poder, violencia, serán los ejes discursivos que la imagen fílmica impone en el imaginario del espectador desde el mismo afuera del relato narrativo. Ya se ha producido la mirada al ángulo que articulará la razón crítica del film, la que contendrá, si el espectador se hace cargo de ella, esa realidad *otra* no presente necesariamente en la mirada que el discurso —mirada de frente— por sí solo produce.

El relato propiamente dicho, que comienza pasados los créditos con Julia en el momento en que va a entrar en el edificio por primera vez, no será otra cosa, me aventuraré a afirmar, que el relato del vómito, de la expulsión de esos restos putrefactos queriendo salir a la luz del día. Detritus y restos comienzan a vomitarse en el mismo instante en el que Julia decide instalarse en el piso para ofrecer una cena romántica a su marido Ricardo. De forma interesante, esta velada pondrá en evidencia que Ricardo es, en realidad, el perfecto contrapunto en vivo al cadáver: basura acumulada por el sistema; un remanente o, como se refiere Ricardo a sí mismo, un sobrante molesto. Y como tal, desaparecerá de la vida de Julia en cuanto ésta considere que ya no lo necesita. Es así como lo mata simbólicamente cuando el cubano le pregunta por él: «mi marido, mi marido. Qué pesadez lo de mi marido. Mira, no te lo quería decir antes pero me acaban de llamar del hospital y ha muerto [...]. Pero yo no quiero pensar en eso ahora». Al igual que ella, que tiene un trabajo temporal en la agencia inmobiliaria, Ricardo trabaja temporalmente como guardia de seguridad en una discoteca. Todavía sigue traumatizado, todavía se le sigue traumatizando, porque hace cuatro años le despidieron, por un 'reajuste de plantilla', de su trabajo. De forma similar, el cadáver será el sobrante del sistema comunitario que, al no querer participar del proyecto colectivo (nos enteraremos más adelante), es expulsado y convertido en 'cadáver'. Cabe señalar que uno de los bomberos lo caracterizará de ese modo cuando lo encuentra muerto ante la televisión encendida: «Pues claro que está muerto. ¿No ve que todos los meses nos encontramos con la misma historia? Llevará semanas muerto. Es un hombre solo. Sin familia, ni hijos, sin nadie».

De este modo, la presentación de la película, su marco de entrada o, a lo que podríamos referirnos como la esfera de lo pre-simbólico del texto fílmico, nos sitúa ya de antemano en el ámbito de lo siniestro, de un afecto que viene provocado por la presencia de una familiaridad extranjera, de algo extraño e inquietante que no pertenece al espacio propio, pero que, sin embargo, lo habita familiarmente. Y nos sitúa también, simultáneamente, en el ámbito del cadáver insepulto, en territorio abismal donde la aparición se constituye en posibilidad de presencia de lo desaparecido, donde la historia, su relato, no ha sido posible.

Una vez terminada la presentación de los créditos, la cámara sale al exterior y se encuentra con Julia delante del edificio, hablando por teléfono bajo una lluvia torrencial. Antes de entrar en el piso con los potenciales compradores, vemos salir de él al que luego conoceremos como el cubano seductor, encargado de conquistar a Julia y, a través de ella, descubrir el paradero del dinero que, sospechan, ha encontrado a pesar de que ellos mismos lo han estado persiguiendo durante años. Es este motivo, el de la búsqueda del dinero-tesoro, lo que les da, al grupo de inquilinos de la Carrera de San Jerónimo 14, sentido de comunidad y de proyecto colectivo. Dice su líder: «Aquí somos una comunidad. García [...] necesita un coche [...]. Paquita necesita una dentadura nueva [...] está aquí todo, en esta lista corregida año tras año. ¿Sabes de qué te estoy hablando? De solidaridad, de respeto». En el momento en que sale el cubano del edificio, Julia está recogiendo del suelo una carta de la baraja, un comodín posado encima de la tapadera de las cloacas municipales, donde se inscribe (un intenso *close-up* lo muestra) el nombre de la ciudad, Madrid. Madrid así queda inequívocamente inscrito en el texto como el espacio donde se mueve la comunidad (y cuya identidad será enfatizada como *el lugar* del retorno de los espectros, en la escena final, en el café «El Oso y el Madroño»). El comodín que se encuentra Julia es, recordemos, una carta de la suerte que, sin identidad fija, adopta el valor y la señas identitarias de todas y cada una de las otras cartas. Si, como mencioné más arriba, el panopticismo, sistema de vigilancia y control, enmarcaba el relato fílmico (la presentación hithcockiana y el encuentro del cadáver putrefacto), el azar y la suerte parecen proponerse como discursos que guían la historia que Julia está a punto de inaugurar cuando al entrar en el edificio penetra, en condición de extranjera y de sujeto no-comunitario (de comodín), en la intimidad de la comunidad. Serán el azar y la suerte los que le llevarán a descubrir el cadáver cuando, la misma noche que ella pasa allí con Ricardo, el techo empieza a agrietarse para dejar caer las cucarachas y el agua acumulada en el piso donde se oculta el muerto; y será la televisión, un anuncio publicitario, la que le ofrecerá la clave para descubrir el misterioso secreto guardado en un crucigrama que se ha encontrado en la cartera del muerto cuando los bomberos lo sacan de la casa.

De este modo, Álex de la Iglesia no sólo relata una historia desde el espacio de lo simbólico, lo que entreteje el lenguaje del relato; lo hace también desde lo puramente visual, desde una escena constituida por y desde el movimiento de la cámara pero que necesita del espectador para significarse. La coincidencia de ambas miradas, la que organiza la cámara desde su ubicación y movimiento, y la del espectador, «hace a las cosas aparecer en una luz totalmente diferente, aunque ellas permanezcan las mismas» (Žižek 1991: 90; mi traducción), y da lugar a una imagen parcialmente significante que suplementa el sentido parcial entramado en el discurso. Con la cámara, por la inclusión de la mirada espectadora en su movimiento, las narrativas de los personajes y las historias de la comunidad añaden una dimensión significante, develan una parte de la escena que de otra manera no se vería. El ángulo al que de la Iglesia nos da acceso supone el mismo movimiento crítico que hace Lacan cuando descubre, en el cuadro de Holbein, la calavera en la mirada del espectador, y que sólo ve cuando, ya saliendo de la sala, se da la vuelta y mira al cuadro de reojo y fugazmente. Es en ese rápido y fugaz cambio de perspectiva donde el significado velado de *Los Embajadores* sale a la luz.[9] Lo mismo ocurre en *La comunidad*: es el ángulo en el que palabra e imagen se unen lo que desvela el sentido, la razón crítica de la historia del discurso del film. Imagen (imaginario y pre-simbólico) y lenguaje (simbólico) interceden de tal modo para producir, desde una mirada oblicua, desde el punto anamórfico que distorsiona la realidad, la entrada en lo real; es decir, en lo in-simbolizable. Por lo tanto, podríamos considerar este film de Álex de la Iglesia un relato parcialmente incompleto en su discursividad pero cuya razón crítica, su sentido, se establece uniendo los retazos que surgen de una mirada de soslayo, irónica, deshistorizada y en cuyo desvelamiento aparece un relato sobre una España urbana, céntrica, capitalista y nacionalista y, al mismo tiempo, profundamente política e histórica. La mirada de soslayo, al ángulo, nunca en línea recta, permite a esa cámara, al ojo directivo «ver la cosa en su clara y distintiva forma» (Žižek 1991: 11; mi traducción). Permite ver las dos realidades que se suplementan para alcanzar el significado:

> Two realities, two substances. On the level of the first metaphor [lo que yo diría es el nivel discursivo de *La comunidad*], we have commonsense reality seen as 'substance with twenty shadows', as a thing split into twenty reflections by our subjective view, in short, as a substantial 'reality' distorted by our subjective perspective. If we look at a thing straight on,

9. Véase Lacan (1973); especialmente la sección dedicada a la anamorfosis.

> matter-of-factly, we see it as 'it really is', while the gaze puzzled by our desires and anxieties (looking awry) give us a distortes, blurred image. On the level of the second metaphor, however, the relation is exactly the opposite: if we look at a thing straight on, i.e., matter of factly, disinterestedly, objectively, we see nothing but a formless spot; the object assumes clear and distinctive features only if we look at it 'at an angle' (ibíd.: 11-12).

La visualización del relato (la historia que se revela en la mirada angular) emplaza al espectador frente a la complejidad del significado distorsionado, a las sombras de la realidad 'ambigua', al enfrentarla directamente con que aquello que se representa, que está ahí, formando parte fundamental de la trama, pero que no se nombra, que no se dice, que no se explica. El *deseo* de la cámara que no es otro, en realidad, que el *deseo* de la narrativa que, a través de esa mirada oblicua de la cámara en su movimiento descendente, hacia el interior y hacia el subsuelo, comienza a emerger en sus trazas, por sus marcas, en la medida en que apunta hacia lo que está más allá de la realidad objetiva, más allá de lo simbolizable, lo necesariamente inalcanzable. En este sentido, fijar la mirada espectadora no en la historia de una agente inmobiliaria persiguiendo un dinero para dejar de llevar una vida mediocre, sino en la propia distorsión que esa historia, desde una mirada al 'ángulo', articula, es lo que el film ofrece como objetivo último. Ésa es, precisamente, la clave humorística y esperpéntica de *La comunidad* que debe ser desvelada en un lectura cómplice con el ojo de la cámara. Su desvelamiento nos revelará el deseo del film o, al menos, nos acercará a una posible interpretación de la fantasía que de la Iglesia presenta.

Žižek afirma que el objeto *a* sólo puede ser percibido por una mirada distorsionada por el deseo, un objeto que no existe para una mirada 'objetiva'. En otras palabras: «the object *a* is always, by definition, perceived in a distorted way, because outside this distortion, 'in itself' it *does not exist,* since it is *nothing* but the embodiment, the materialization of this very distortion, of this surplus of confusion and perturbation introduced by desire into so-called 'objective reality'» (1991: 12). Me refiero entonces a que la imagen distorsionada que la cámara de Álex de la Iglesia acerca *es* el nicho donde el deseo marca su trayecto, deja su huella: el «silencio» de la cámara, el *flash* de la imagen suplementa con la escenificación de un pre-simbólico la sencilla historia de Julia (recordemos que la entrada de la cámara en el edificio que descubre a un muerto insepulto, un cadáver, ocurre antes de los créditos), porque ella abre la condición de posibilidad de la razón histórica —que es la que aparece desaparecida en el film—. Es decir que la cámara da acceso a una historia que sucede en una suspensión radical del tiempo en la medida en que ancla firmemente el presente en el pasado y ambos en la no-temporalidad del *tempo* espectral, pero desde la que no hay conciencia y, desde esa no-conciencia, España, bajo la metafórica comunidad de vecinos de la Carrera de San Jerónimo 14, se imagina y se constituye como comunidad 'nacional' (como colectivo de identidades compartidas con proyecto de destino glorioso). Simultáneamente, el relato narrativo, las palabras de los personajes, enhebran ante el espectador —descifran— los residuos que esa nación va apilando en sus márgenes, a modo de detritus, cuando establece y lleva adelante el proyecto y la razón que la definen como tal. Veamos como esto va ocurriendo ante los ojos del espectador y como, ante ellos, los protagonistas de *La comunidad* no son sólo sus vecinos y una extranjera que les invade para robarles su tesoro, sino también los espacios que esta comunidad habita y por los cuales se mueven vertiginosamente para recuperar lo que les da su marca identitaria: Madrid, su centro, sus monumentos y sus tejados.

III

En la espacialidad de este Madrid delirante donde la película establece su risa, su fantasía esperpéntica. Es en la centralidad de esta localidad llamada Madrid (que hemos visto inscrita en la tapa de las cloacas delante del edificio) donde de la Iglesia ubica el radical encuentro con la historia espectral de la comunidad: la idea de una comunidad nacional que se quiere moderna, capitalista, europea, pero que se arrastra desde su absoluta convivencia con un pasado que se niega a partir porque todavía no ha sido debidamente enterrado. De ella surgen los espectros de la nación, su fantasma. De una nación que no ha llegado a términos con su pasado de violencias imperiales y nacionalistas cuyos sobrantes todavía fraguan los conflictos contemporáneos de España y su comunidad.

Dos son los espacios que la imagen escenificada en el recorrido de la cámara proyecta obsesivamente. El primero es el inmueble situado en el centro de Madrid y uno de cuyos pisos Julia debe vender. La mirada oblicua de la cámara se enfoca en ese lugar, siempre interior, donde se produce y centraliza la violencia y la acumulación de 'sobrantes' que, recordemos, incluye entre sus haberes un cadáver en estado de putrefacción, un grupo de vecinos que se mueve como una camada de cucarachas y buitres, y un desaparecido cuya ausencia produce la brecha por la que la comunidad comienza a expulsar sus detritus violentamente. Pero este espacio contiene también oculto junto a los detritus del muerto el dinero que el vecino ganó en las quinielas hace 20 años, al final del franquismo por tanto, y que es fundamentalmente el objeto de deseo de la comunidad, aquello que les da su sentido comunitario e, incluso, el que les proporciona un proyecto ético de vida (con ese dinero, explica su líder, la vida de la comunidad sería mejor, más humanamente vivible).

El segundo espacio en el que la mirada se detiene es aquél que se abre por el azar y por la suerte, el Madrid céntrico, espacio del capital económico y capital de la nación. La cámara lo presenta desde los tejados, durante la persecución de los vecinos a Julia y al dinero, y por donde se penetra ominosamente (la cámara, que los abre ante nuestros ojos) en la comunidad, desestabilizando su estructura. La lógica de la suerte guía la historia de estos personajes doblemente: viene dada de la mano de Julia (cuando encuentra el comodín delante del edificio, anticipando una buena suerte para ella) y, también, de la mano de una tradición 'nacional' española, el popular juego de las quinielas, institucionalizado como *el* juego nacional durante el franquismo. Las quinielas se apuntan entonces como la narrativa que, por un lado, proporciona la fundación histórica de la comunidad, los años sesenta/setenta, en la medida en que la 'conciencia' de comunidad entre los vecinos surge ante la ganancia quinielista de uno de ellos. Esto sitúa la temporalidad de origen en los años finales del franquismo o en los comienzos de la Transición. Por otro lado, proporciona su fundación psicológica en cuento que es ella la que aporta el deseo de la comunidad —adquisición de mercancías que mejorarán la vida de los miembros— y su esperanza, un futuro mejor. Tendrá que ser, sin embargo, la venta de la propiedad que se produce a raíz de la desaparición del ingeniero la que produzca paradójicamente la brecha en el proyecto comunitario, cuando su deseo se ve amenazado a raíz de la aparición de una extranjera 'penetrando' la comunidad.

Este discurso de la suerte o el azar, unido a una salvaje acumulación de capital (venta de propiedad inmobiliaria —suelo— y las quinielas) que rige las vidas de la comunidad y de Julia, se presenta en contrapunto a y en tensión con la obsesiva planificación y organización (que ya dura 20 años, como dice Emilio, el administrador) sobre las que se sostiene la existencia de la comunidad, su posibilidad de triunfo y, sobre todo, como elementos primordiales, junto a la presencia del líder, de su unidad sin quiebras. Esta comunidad, que se funda entonces al final de la dictadura, o al principio de la Transición (lo interesante es precisamente la ambigüedad temporal), entra en peligro, se resquebraja, cuando es penetrada por un sujeto ajeno, diferente, sin prehistoria, pero que sólo interviene en su destrucción por azar y por interés en el capital que alimenta su deseo. En consecuencia, el azar —causa directa del descubrimiento del tesoro y por tanto de que se produzca la fisura identitaria, así como también de la aparición del cadáver y de los detritus que amenazan con inundar el edificio en el momento de la llegada de Julia, producida 'casualmente' en el momento de la ausencia del caudillo— será el responsable directo de la aniquilación de la comunidad, de su fracaso como proyecto.

La comunidad se va configurando, así, como una narrativa, por un lado, espacial (desde el uso de la cámara y la discursivización de la imagen que esta proyecta) donde la ciudad ocupa el lugar protagónico al hacerse el escenario de las búsquedas de los sujetos que la habitan, y, por otro, de aventuras (la búsqueda del tesoro). El énfasis de la cámara en el Madrid céntrico y monumental, así como el énfasis discursivo en la noción de comunidad —grupo de sujetos que habitan el mismo espacio y que se unen y mantienen unidos por un proyecto común—, hace desaparecer cualquier sombra de marca temporal que lo habita, esa marca histórica que convertiría a esta ciudad en el centro de una nueva España europea. La ausencia de tal marca temporal, junto con la escenografía espacial construida por la cámara presenta un espacio urbano contemporáneo pero, simultáneamente, habitáculo, en pasados distantes y no tan lejanos, de una realidad imperial y de una realidad intensamente nacionalista. Sin embargo, esta cancelación de la temporalidad no es tal puesto que se inscribe indeleblemente, confundiéndose, borrándose en cierta medida, en el espacio urbano. la cámara se adentra a lo largo del film oblicuamente, en ángulo otra vez, en sus calles céntricas, en sus edificios monumentales, en esas estatuas que replican imaginarios y deseos imperiales, que señalan, en su presencia silenciosa, sueños coloniales y aventuras mercantiles. Éste es, de hecho, el Madrid retratado por de la Iglesia. Cuando la cámara sale del edificio, la aventura se desarrolla, recordemos, en su tejado o en los tejados adyacentes, hogar, como se hace patente, de las grandes esculturas de las cuadrigas romanas que cobijan al Banco de Vizcaya (al BBVA) en la calle Alcalá. El edificio, además —como lo señala Julia a sus clientes— está «super-céntrico; desde él se puede ir a todas partes». La ciudad, de este modo, es presentada por la cámara e identificada por el espectador siempre desde su localización central, desde su comunicabilidad con la periferia, desde su condición de centro del capital monetario, y siempre desde su monumentalidad. Todos ellos tropos, podríamos decir, de un proyecto nacional (el español) asentado desde tiempos inmemoriales en el imaginario español-castellano.

Así, la representación espacial remite, silenciosamente y sin marcas temporales específicas, a anterioridades dominadas por historias de proyectos imperiales, coloniales, nacionales, donde la noción de centro y centralidad se asocia con poder y asequibilidad. Esa remisión se constituye, de forma fundamental, como resto, como trazo o remanente en la medida en que aparece como presencia ausente en el paisaje monumental que la cámara de Álex de la Iglesia escenifica. No está el Imperio colonial y conquistador, pero sí su deseo; no está el franquismo, pero sí su proyecto nacionalista violento; no está, finalmente, la memoria, el pasado, la historia, pero sí sus sujetos desaparecidos. El retorno de estos deseos, de estas violencias; la traída de los remanentes que estos deseos y violencias han dejado en el camino y en ese olvido, los muertos insepultos; su permanencia en el mundo de los vivos; todo ello es lo que conforma la narrativa espectral de *La comunidad*. Su puesta en escena desde la mirada anamórfica supone entonces la llamada a una razón ética que quiere hacerle justicia a los olvidados, pero no partidos, de la historia.

Para enfatizar más aún una temporalidad que funciona como el *tempo* del fantasma (lo partido presente), de la Iglesia es cuidadoso en la construcción de sus personajes. Emilio, el administrador de la comunidad, además de ser el líder todopoderoso, el que decide sobre lo bueno y lo malo, sobre la vida y la muerte de sus compañeros (él matará al ingeniero cuando éste se niega a colaborar en el proyecto), representa también al actor Emilio Gutiérrez, él mismo, ya que, como recordamos, Gutiérrez fue uno de los actores omnipresentes en la escena cultural franquista, el actor que trajo a la escena española el Teatro Nacional Español; de hecho, más interesante todavía, es pensar que este actor es uno de los más prolíficos tanto durante los últimos 15 años del franquismo, como durante la Transición y la democracia. Emilio Gutiérrez es una presencia permanente que marca un puente de continuidad histórica (no él como persona, naturalmente, sino el imaginario que organiza su mera presencia, en el ambiente de la Carrera de San Jerónimo). Además, Osvaldo, el cubano encargado de conquistar a la extranjera para hacerla confiar y acercarla a la comunidad; Castro, personaje violento, comparte con el líder toda la imaginería franquista; de hecho, él sería la mano derecha del caudillo, aquél que se ocupa de mantener el orden mientras el cerebro hace los planes. Será él quien, además, se pelee, sufriendo una divertida transformación en pirata (que complementa espectacularmente la que empieza Domínguez cuando entra en el piso del muerto y busca 'el tesoro' en las bolsas de basura mientras canta una canción de bucaneros), con el cubano en su lucha por apropiarse del tesoro. A través de estos personajes y de otros que replican personajes de la cultura popular (Darth Vader, Superman, el pirata, el vampiro), de la cultura del consumo y del capitalismo salvaje (los excedentes o 'sobraos' de la economía), y de la sociedad franquista (los potenciales compradores del piso, que vienen con su *ABC* bajo el brazo, las mujeres vecinas, el propio líder), *La comunidad* crea una escena nacional, una comunidad 'nacional' que deja ver, desde una violencia y horror delirantes, cómo la fundación y la constitución de esa comunidad se realiza a expensas de lo desaparecido de la historia en el presente, de su transformación en una historia *otra* y su consecuente reaparición desde la espectralidad. La espectralidad, o la práctica de una noción de historia que quiebra la línea historiográfica del evento histórico, le brinda a Álex de la Iglesia la posibilidad de abrirse a una experiencia contemporánea que se muestra, a pesar de ella misma, y en contra de lo que se dice, marcada con las señas más violentas de la nación imaginada en pasados totalitarios todavía produciendo efectos.

IV

Por último, la potencialidad discursiva de *La comunidad* se alimenta activamente de una estructura basada en el intertexto, desde la cual, otra vez, se rompe sólidamente la idea de temporalidad dominada por un tiempo 'único'. Así, *La comunidad* se contamina significativamente de escenas linguístico-visuales de importancia fundamental: por un lado, uno de los intertextos proviene de la tradición literaria, *La isla del tesoro* de Stevenson y, por otro, de la tradición cinemática con la presencia obvia, a modo de pastiche, de *Star Wars*. Junto a los guiños a Hitchcock, a Polanski, etc., esos dos intertextos sirven de modelos o pantallas donde escribir una fantasía igualmente moderna, en un aspecto, y posmoderna: la búsqueda del tesoro *es* la narrativa que articula la historia de la comunidad de vecinos como un proyecto abierto al futuro, como una utopía que mejorará la comunidad, como un descubrimiento que pondrá en contacto el viejo mundo con el nuevo mundo, una fantasía, por tanto, a la vez moderna y posmoderna. Los personajes cantan y se mueven como piratas, pero también como conquistadores salvajes, violentos y ladrones. Si hay un relato que se pueda asemejar al relato de la Conquista de América, es decir, al relato del deseo imperial español (al relato de la España gloriosa, por tanto) es sin duda la historia del pirata en la que se relatan románticas aventuras ficticias basadas en relatos y personajes reales. La historia del pirata transforma el impulso político e imperial del conquistador en impulso económico y criminal, pero esta transformación no cancela la fantasía conquistadora de su texto-réplica.

Si, de este modo, *La isla del tesoro* adentra la mirada del espectador en relatos típicamente modernos y, por tanto, típicamente nacional/coloniales, el intertexto fílmico, la película *Star Wars*, dirige la mirada al futuro, a una utopía imperial superplanetaria posmoderna. La fantasía de *Star Wars* habla, como los relatos de los conquistadores y de los piratas, de fantasías imperiales, de impulsos políticos y nacionales de dominación. Los dos modelos, de esta manera, entretejen un subtexto que impide no traer a nuestra mirada el recuerdo de proyectos nacionales pasados que se fundan en la idea de conquista, de poder soberano, de dominios transnacionales, transplanetarios. De algún modo son estas dos narrativas las que dan perspectiva y enmarcan la idea de comunidad con la que se va alimentando la película. El pirata (Domínguez y Castro) y Darth Vader y el soldado imperial (Charli) son, pues, los personajes que impulsan desde el margen la historia colectiva de esta comunidad, los que llevan adelante su proyecto económico: los primeros adaptando la idea de comunidad a sus propios intereses y el segundo, salvando a la heroína y proclamando, en su salvación, el comienzo de una nueva era y una nueva comunidad.

La mirada de la cámara, la mirada del excavador que penetra en las entrañas de la tierra y que descifra el sinsentido dándole una narración a lo que había desaparecido sin dejar una historia, se articula finalmente en una breve escena televisiva. Dice la voz en *off* de un narrador mientras vemos las imágenes de un grupo de buitres comiéndose un cadáver: «buitre: sepulturero de la naturaleza; devora a los muertos. Uno lo localiza y veinte descienden a devorarlo». Álex de la Iglesia ha desenterrado al muerto, ha re-aparecido al cadáver y así ha podido sopesar la cifra del sentido que se oculta bajo la tierra, en ese otro mundo donde se oculta la verdad de la comunidad: vemos al pirata-vampiro devorando la carroña (Domínguez). Y nada mejor que el centro de la nación, Madrid, y para mayor énfasis, el centro de Madrid, como escenario de la reaparición de los espectros de la Historia de la nación. En palabras del propio director, el número 14 de la madrileña calle Carrera de San Jerónimo «es un reflejo de Madrid, que simboliza toda nuestra cultura. Madrid es la chapuza demencial de todas las provincias [...]. Madrid es un lugar que acoge de una manera violenta a todo el que quiere ser algo que no ha sido hasta ahora. En este sentido, es un sitio muy agresivo. Es muy *La comunidad*» (citado en Sartori). Los personajes que se quedan con el dinero, Julia y Charli, los ganadores, al final de la película acaban tomándose una chiquita en «El Oso y el Madroño» símbolo de Madrid, él vestido de chulapo y rodeados de personajes similares a ellos. El pueblo les acoge; ellos son el pueblo.

La comunidad supone así, de manera altamente significativa, la continuación de una reflexión sobre la nueva nación europea que es España desde la década de los noventa, y, desde este contexto, sobre las transformaciones que el imaginario social articula sobre una España que construye toda su ideología nacional en torno a la noción de centro, y a la experiencia conflictiva que ésta desencadena en la relación con su inevitable otro: la periferia. Mientras *El día de la bestia* presentaba la escena de una España en el umbral de Europa, es decir, en su inminente instalación en el centro (que no había recuperado desde la pérdida de las últimas colonias), *La comunidad*, en un retorno delirante a lo más tradicionalmente nacional español (la comunidad de Madrid), presenta una importante reflexión sobre el lugar que ocupa la idea de nación en una comunidad que, adoptando Europa como su centro, parece haber perdido, o desplazado hacia sus nacionalidades periféricas, todas sus marcas nacionales. Madrid se constituye en esta película como el lugar donde el fantasma de la nación y, por tanto, los fantasmas de la Historia retornan para mirarse cara a cara con su otro. Pero su otro no es ya la periferia: su otro es ahora la propia España, Castilla, su propia condición de centralidad, y la violencia que surge de sus propias entrañas, de una violencia que, como la moneda o las balas de Benjamín Prado, pueden contener la cifra del sentido para el excavador. Las nuevas fundaciones que la «nueva» España inaugura no son otras, en definitiva, que las retornadas en una razón histórica que se abre a sus espectros. No hay memoria, entonces, que no sea una nueva fundación de la contemporaneidad.

5.

La des-aparición del tiempo: *El cielo gira* de Mercedes Álvarez

> Había la posibilidad de asistir —en un lugar concreto, con personas reales— a un capítulo necesario de la experiencia y la vida humanas: el tiempo de la ruina y la decadencia, que precede a su desaparición. Se trataba de mostrar qué cosas ocurren entonces, y registrarlas mientras ocurren.
>
> (MERCEDES ÁLVAREZ, *El cielo gira*)

I

Vuelvo en este último capítulo al género del documental cinematográfico; es decir, a un modo de interrogación a la realidad que aúna un interés profundo no sólo por la presentación de la realidad de forma objetiva (tanto en lo que concierne a lo personal como a lo social), sino también por la representación de sus dinámicas y sus relaciones, poniendo en juego como parte de la significación, entonces, su carácter de obra artística. En España la tradición documentalista es excelente, si la consideramos en términos de su alto valor cinematográfico y técnico. En efecto, el documental al que voy a dedicar este capítulo, *El cielo gira* (2004) de Mercedes Álvarez, se integra en la línea de una tradición intergeneracional que va desde los cineastas experimentalistas de la Escuela de Barcelona en los años setenta, como Pere Portobella y Joaquin Jordá, pasando por Víctor Erice y Basilio Martín Patino hasta José Luis Guerín. Tal tradición se plasma con fuerza innovadora en el Máster en Documental de Creación de la Universidad Pompeu Fabra, del que han surgido importantes nombres que ya han dado relieve internacional al documental realizado en la Península, empezando por el propio José Luis Guerín y siguiendo con Isaki Lacuesta, Ariadna Pujol y la propia Mercedes Álvarez.[1] Sin intentar establecer una línea estrecha o limitadora de esta producción, se podría decir que estos documentales (de gran calidad artística y experimental) comparten un peculiar interés por el paso del tiempo, por la experiencia personal y colectiva del devenir temporal y, también, por la relación que el tiempo tiene tanto con la realidad social actual como con la historia.[2] Más aún, sus directores están interesados en hacer converger la belleza artística de la forma (documental) con la crítica a la realidad, tal como Alfonso Crespo afirma. En efecto, estos documentalistas están «determinados a profundizar en las diversas y complejas relaciones con lo real, advirtiendo cómo este ejercicio de la mirada puede desembocar, si así lo estiman oportuno, en el rico abordaje de una ficción que se siente rejuvenecida y desbrozada de convenciones» (Crespo 2006: 12).

El hermoso documental de Mercedes Álvarez, excelente discípula de Víctor Erice (sobre todo en su documental *El sol de membrillo*) y de José Luis Guerín (con quien trabajó en el montaje de *En construcción*), se interesa en lo que podríamos considerar la inminencia de la desapa-

1. *El cielo gira*, que se estrena en el 2005, acumuló importantes premios internacionales, entre los cuales: el Premio Tigre del festival de cine de Rotterdam, el Premio a la mejor película en el festival de París Cinéma du Réel, el Premio a la mejor película de la sección de Nueva Visión del Festival Infinity de Alba (Italia), y varios premios en diferentes categorías en el festival de Cine Independiente de Buenos Aires. Recibió, además, varios premios en España.
2. Entre ellos, destacan, en buena línea con *El sol de membrillo* de Víctor Erice, *En construcción* de José Luis Guerín y *La leyenda del tiempo* de Isaki Lacuesta.

rición de lo más familiar, de lo más hogareño y, en consecuencia, de lo menos extranjero a uno: el lugar y el momento donde se produce la primera mirada al mundo y donde se construye una imagen de él (la imagen primigenia) que perdurará a lo largo del transcurso del tiempo; me refiero a la infancia, momento en el que se aprende a vivir y durante el cual se forma el sedimento de lo que luego comprenderá la memoria íntima. Pero también me refiero a algo quizás menos poético y más mundano: la aldea donde la directora nació y que, junto con otros pueblos de la zona de Soria, está en proceso de desaparecer en cuanto sus últimos 14 habitantes mueran. La inminencia de este acontecer provoca el regreso de la directora al lugar con la intención de dejar testimonio no sólo de sus últimos habitantes sino también del momento de pasaje o tránsito, de este proceso de des-aparición, como afirma en la primera escena del documental. Acompañados por una voz en *off*, la de la propia cineasta, los espectadores de *El cielo gira* pasan, sin registro explícito, de lo íntimo y personal a lo colectivo e histórico, de una memoria que reconstruye el paisaje infantil inscrito de forma indeleble en la retina de la documentalista, a una memoria de vida(s) de múltiples generaciones en el tiempo para reflejar la inminencia de un fin de vida; y, finalmente, desde una superposición de la imagen fílmica y la imagen pictórica (los cuadros de Pello Azketa), los espectadores se hacen testigos de un lento pero implacable tránsito entre lo que *des-aparece* y lo que está *por aparecer*. Una cámara realista y un pintor idealista (el paisaje se pinta desde la idea recordada, ya que en su camino hacia la ceguera apenas ve sombras) conforman la posibilidad de registrar ese proceso de tránsito de la realidad hacia la des-aparición. En este sentido, *El cielo gira* supone una narrativa en la que se produce el registro de la marca histórica de un tránsito que se hace tema y se deja percibir a través de las huellas con que las sombras paisajísticas y las estelas que recorren el cielo (las nubes, en imagen recurrente del film) dan paso a una multiplicidad de temporalidades en convivencia, bien reflejadas (y metaforizadas) en el cuadro del pintor que camina hacia la ceguera.

Es interesante notar que los críticos que han dedicado alguna reseña a este documental establecen como uno de sus elementos más relevantes y productivos la ausencia de una mirada nostálgica hacia ese territorio (el de la infancia o el del pueblo de su nacimiento).[3] De hecho, el film es sobre todo un intento certero de, como diría André Bazin, «preservar la vida a través de una representación de la vida» (2005a: 10; mi traducción) en un momento histórico donde lo que prevalece es la convivencia inquietante entre lo rural y tradicional con la modernidad y las nuevas tecnologías, y, a causa de ella, se produce la inminencia de la desaparición de un mundo perfectamente arraigado. Esta desaparición amenaza llevarse consigo las huellas de una multiplicidad de generaciones e historias que han ido dejando sus remanentes sobre los que el presente del pueblo se erige. El documental se encarga de hacer emerger en toda su potencia los indicios de estas temporalidades, recuperando las marcas inscritas en ciertos edificios, en monumentos públicos, en árboles ancestrales, etc., para convertir un tiempo vacío que des-historiza la experiencia del evento en experiencia plena y, en consecuencia, histórica. Como señala acertadamente Carlos Heredero:

> Bajo el discurrir de la película palpita el eco de una sucesión de civilizaciones cuya huella visible recogen sus imágenes. La edad prehistórica de los dinosaurios, los castros celtíberos, las ruinas romanas, la torre árabe, la existencia contemporánea y el atisbo de futuro conviven en un mismo espacio que la cámara de Mercedes Álvarez captura y sublima, fundamentalmente porque sabe esperar y mirar (2005).

Tomando como punto de partida esta linealidad historicista-epocal (para hacerla estallar en su relato), *El cielo gira* se plantea y se construye artística y documentalmente, entonces, como una narrativa interesada en escenificar el espacio de la memoria (en la reconstrucción de un paisaje infantil; en el proceso de pintar el cuadro de un

---

3. A este respecto, véase Navajas (2005). Un excelente trabajo sobre varios documentales se debe a Linda Ehrlich, que escribe un ensayo bien documentado sobre Álvarez, Lacuesta (*La leyenda del tiempo*) y Guerín (*Algunas fotos [...] en la ciudad de Sylvia*). Véase también la breve reseña de Carlos Losilla (2005).

paisaje familiar cuando sólo se puede adivinar detrás de las sombras y del movimiento de las nubes) y el espacio de la traza física (las huellas del dinosaurio, la torre árabe, la Numancia y el Palacio, el pastor autóctono y el árabe) como los lugares donde conviven esas múltiples generaciones. Por otro lado, se plantea como el intento último de temporalizar la historia del presente para así devolverle al evento su carga histórica al ponerlo en contacto con su pluralidad temporal.

De este deseo surge lo que la directora conceptualiza acertadamente como el tiempo de la ruina, aquel que precede a la des-aparición y que le proporciona la posibilidad de mostrar qué cosas ocurren entonces, y registrarlas mientras ocurren.[4] Registrar, inscribir el tiempo de la ruina en los anales de la historia una vez que éste se contagia con todos los momentos que le preceden y con aquellos que le sucederían. De forma más específica, el documental propone, tanto desde una línea narrativa, que no sólo mezcla el uso de una temporalidad «natural» avanzando en línea progresivamente recta (dada en el tiempo de las estaciones) sino también el uso de estrategias que la fracturan (dada en los vaivenes de las diferentes memorias de personajes y objetos), como desde una línea técnica (la combinación de imagen cinemática y pictórica), una política temporal que se acercaría a lo que se ha dado en llamar, siguiendo a Kenneth Frampton, *regionalismo crítico*.[5] Este concepto o actitud frente a las corrientes arquitectónicas que tienden a uniformar el paisaje global potenciaría la capacidad de hacer estallar, a partir de la puesta en funcionamiento de una estrategia narrativa genealógico-arqueológica en el presente, los diversos niveles históricos que conviven significativamente en el presente y, al mismo tiempo,

4. Encontramos, así, la misma idea de 'presente' que habíamos trabajado en el film de Ricardo Franco, *Después de tantos años*. El presente *es* el tiempo de la ruina, aquél que tiene la potencialidad de aunar las tres temporalidades.

5. En alguna medida, Álvarez utiliza una estrategia temporal similar a la que usó Camus en su adaptación de *Los santos inocentes*; me refiero al uso del tiempo cronológico natural (las estaciones del año) junto a otra temporalidad que las extiende en una especie de tiempo metafísico a través del uso de la memoria de los personajes.

de poner bajo discusión las categorías de historicidad que ocupan o dirigen el proyecto. En este sentido, *El cielo gira* se une a un proyecto regionalista crítico al abrir una importante brecha en los planes de la historiografía tradicional que, como sabemos, va dejando atrás, irremediablemente, el pasado como algo absolutamente partido y sin relación significante con el acontecer contemporáneo.[6]

Contrariamente al historiográfico, un proyecto regionalista crítico hace coincidir una diversidad de temporalidades que atañen a diferentes estratos o niveles de la experiencia de actualidad a la vez, y que tienen como último objetivo la recuperación de lo que va quedando atrás en la forma de remanentes y trazas. El reconocimiento y el uso intervencionista de estos remanentes en un proyecto de historización del presente abren la experiencia de este último a una conciencia crítica radical que permite inscribir la memoria de lo acontecido como parte intrínseca del presente. *Nada se pierde* en un proyecto de genealogía regionalista crítico, ya que su técnica de desfamiliarización (el hacer coincidir lo vernáculo, lo propio y familiar con lo universal, lo extraño y ajeno, y el pasado, presente y futuro en una misma constelación temporal) configura de sentido histórico al presente y de sentido político y ético a la construcción de la historia.[7] De acuerdo con Frampton: «The fundamental strategy of Critical Regionalism is to mediate the impact of universal civilization with elements derived *indirectly* from the peculiarities of a particular place [...]. Critical Regionalism depends upon maintaining a high level of critical self-consciousness» (1983b: 23). De hecho:

> It is possible to argue that in this last instance the specific culture of the region — that is to say, its history in both a geological and agricultu-

6. En las acertadas palabras de Carlos Heredero, *El cielo gira* da cuenta de «un proceso histórico de cambios» que «logra conjugar [...] el eco resonante del tiempo de los orígenes y del tiempo histórico, la expresión lírica de la memoria biográfica y de la memoria colectiva. Un lujo para el cine español» (2005).
7. Éste es también el proyecto, en mi opinión, de José Luis Guerín, sobre todo en films como *En construcción* o *Innisfree*. Para un magnífico trabajo sobre *En construcción*, véase Resina (2008b).

> ral sense — becomes inscribed into the form and realization of the work. This inscription, which arises out of 'in-laying' the building into the site, has many levels of significance, for it has capacity to embody, in built form, the prehistory of the place, its archeological past and its subsequent cultivation and transformation across time. Through this layering into the site the idiosyncrasies of place find their expressions without falling into sentimentality (ibíd.: 26).

De lo dicho se desprende que un proyecto de regionalismo crítico tendería precisamente a explicitar, a partir de una razón política y ética antagónica al sentimentalismo y la nostalgia, la composición del edificio presente (en nuestro caso, la narrativa documental centrada en la desaparición del pueblo) como aquella temporalidad donde se materializa, a través de la recuperación de los remanentes arqueológicos y de sus transformaciones a lo largo de la historia, la representación del 'verdadero' tiempo histórico, es decir, el momento actual entendido como *el* tiempo de la experiencia histórica, aquel donde estalla la significación verdaderamente histórica del acontecer.[8]

Siguiendo esta política regionalista Álvarez, como si de un arquitecto se tratara, traza en *El cielo gira* la arquitectura/genealogía de su aldea. Y lo hace, no para proponer una historia sentimental de la pérdida y la desaparición, sino para construir un edificio crítico a partir del cual se vislumbren, a modo de ráfagas, los diferentes estratos y niveles sobre los que se levanta tal proceso de desaparición y así convertirlo en un momento de tránsito cuya comprensibilidad se encierra en la simultaneidad de lo que se está yendo y lo que está por venir. En otras palabras, le confiere, o le devuelve, plenitud histórica a un acontecer que es tan contemporáneo como ancestral y futuro.

El documental deviene de este modo, en el intersticio donde coinciden su narrativa y su estética, un aparato destinado, en primer lugar, a crear un 'edificio' crítico que, usando elementos vernáculos y extranjeros, pone en escena las consecuencias reales e históricas de la

8. Walter Benjamin nos diría que ésta es la imagen dialéctica, aquélla capaz de hacer que el presente se comprometa con el pasado, devolviéndole su historicidad.

desaparición de una comunidad específica;[9] en segundo lugar, a desbrozar esos estratos acumulados durante el paso del tiempo y de las generaciones para, en su inclusión en la escena del ahora, mostrar su absoluta actualidad en el presente histórico de la aldea y de sus pobladores y producir una crítica a la mirada modernizadora por la cual la memoria viva no entra en la historia; y, finalmente, a revelar no sólo esos estratos que compone la multiplicidad temporal de la que el presente está constituido sino, y más importante, a cargarlos de significación en el preciso momento en que se encuentran en ese trance de des-aparecer.

Lo que en última instancia *El cielo gira* propone es, como ya vimos en los otros films y directores trabajados en los capítulos anteriores, la representación del tiempo histórico, pero no ya desde la historiografía que, en su obsesiva mirada lineal al tiempo, vacía de historicidad el presente y el futuro y les resta su potencia de acontecer histórico, mientras traslada el pasado a un espacio alejado y obsoleto para la experiencia del ahora. La historia viene dada ahora, en este documental, como un devenir histórico representado desde lo más cotidiano e íntimo hasta lo más remoto y colectivo. Lo que se filma es, precisamente y como Carlos Heredero ya señaló, el propio transcurso del tiempo, para abrirse a un proyecto de 'arquitectura de resistencia' donde se pone en evidencia, y se saca partido a, la tensión entre lo local y lo universal, lo vernáculo y lo extranjero y, en fin, lo histórico y lo actual. Esta 'arquitectura de resistencia' transforma la desaparición en des-aparición al cambiar de forma radical el énfasis en el *acto* de la desaparición (una caída en la muerte y en el olvido) para ponerlo en el *proceso* mismo de desaparición, exponiéndolo así a un devenir histórico en el que converge como multiplicidad simultánea el pasado, el presente y el futuro.

9. Estos elementos vernáculos y extranjeros provienen tanto del lugar geográfico, la aldea (sus viejos habitantes frente a los nuevos habitantes; sus viejas y tradicionales casas frente a nuevos y modernos hoteles o molinos hidráulicos), como del aparato cinematográfico (el uso de la luz, del paisaje, de la pintura y la realidad, de la combinación del documental y el arte), etcétera.

Este proyecto, este proceso de des-aparición que a la vez que deconstruye el pueblo en sus múltiples estratos temporales lo construye como parte de una historia con un tiempo pleno (Benjamin), se inicia ya al comienzo del film —antes de los créditos—, cuando la pintura de Pello Azketa sirve de apertura y marco de lo que está por venir. Su presentación, que se acompaña de la voz en *off* de Mercedes Álvarez, ocurre de la siguiente manera: la cámara enfoca el cuadro, primero en plano grande y con imagen detenida, y después en un *close-up* que muestra un detalle pictórico en el que dos niños se asoman a un pantano quizás, como comenta la narradora, en espera de que algo emerja de sus aguas o se desaparezca en ellas. Tanto el espectador del cuadro como el espectador del film ven a los niños de espaldas, primero en un plano largo que, después de unos segundos congelado, produce un acercamiento o *close-up* intenso. Al mismo tiempo, la voz de la narradora comenta: «Una vez fui a la casa del pintor Pello Azketa y me enseñó este cuadro. Dos niños se asoman al borde de un pantano en cuyas aguas algo ha desaparecido o está a punto de aparecer. En aquella época, yo planeaba visitar mi pueblo de origen, retratar a sus últimos habitantes y arrancarles cuatro palabras». Mediante un fundido, el cuadro da paso al pintor de espaldas pintando en un lienzo. Ahora la voz dice: «Diez años después quise volver a ver el cuadro. Debido a una enfermedad de la vista, el pintor trabajaba ya con muchas dificultades y yo emprendía el regreso que ahora empieza». El pintor se aleja de su cuadro para acercarse a la cámara, y un intenso *close-up* del cuadro (esta vez un cielo de nubes) se va disolviendo hasta transformarse en el cielo real de Aldealseñor, lleno de nubes moviéndose al son del ruido y del viento. Sin tránsito, esta imagen da lugar a una panorámica paisajista detenida por unos segundos y a la entrada en el marco escénico de una anciana que deja a sus espaldas la figura gigante de un dinosaurio de piedra y que, en tono didáctico, nos explica la procedencia de las huellas en la piedra de un animal prehistórico, mientras la cámara nos lo acerca con un intenso *close-up*. La anciana se refiere a esta huella como una huella «de lo más antiguo», «de antes del diluvio». La imagen siguiente muestra a la anciana alejándose y sobre ella se superpone, otra vez, la voz en *off*: «Cuando éramos niños jugábamos en esta cantera y aún no sabíamos nada. Aquella palabras de la mujer que encontré durante el regreso me habían indicado el camino».

Con este marco de apertura se inicia el viaje de regreso de Mercedes Álvarez hacia la memoria de su infancia y hacia el primer paisaje que recuerda, el que veía desde la habitación de su casa familiar (una y otra vez construido en el film a través de imágenes panorámicas) y también a la vida cotidiana, muy presente y actual, de los últimos catorce habitantes de la aldea en la que ella fue la última persona en nacer.[10] Este contexto al relato del documental pone ya en juego varios de los motivos que interesan a su directora, así como la razón crítica que quiere poner en marcha: no sólo el proceso de des-aparición —la indecidibilidad de un acontecer en devenir (algo que parte o algo que emerge)— y la ceguera del pintor —la reconstrucción del mundo a partir de la memoria encerrada en las sombras—, sino también la idea del retorno como viaje de memoria y como posibilidad real del conocimiento —«cuando éramos niños jugábamos en esta cantera y aún no sabíamos nada»; «aquellas palabras de la mujer [...] me habían indicado el camino»)—. De esta manera, con este comienzo Mercedes Álvarez no sólo emprende el viaje de regreso a su paisaje infantil sino también el viaje que llevará al reconocimiento del pueblo actual en su presente pero, también, en su pasado y en su futuro.

La primera parte del relato, que la autora titula «Otoño. Las cosas aparecen» comienza con un plano entero, congelado, mientras se escucha la voz en *off* de la narradora, en un paisaje rural:

> Éste es para mí el paisaje más extraño que existe. Es el lugar que se ve desde la casa en que nací y por tanto lo primero que vi del mundo; mejor dicho, durante los primeros tres años de mi vida este lugar era el mundo. El resto transcurre más allá de esa loma. He detenido la imagen porque según cuentan los que se quedaron aquí, este lugar ha permanecido igual desde entonces y porque aquí está enterrado mi padre. Aunque este lugar, tal como era por primera vez ante mis ojos, ya no pueda recordarlo.

10. La insistencia en la imagen panorámica logra que el paisaje desde la ventana represente el mundo como totalidad; es el mundo de la mirada infantil.

Se describe en esta intervención en *off* la idea, ya entonces fuertemente inscrita desde el inicio del film, de la extrañeza inquietante, es decir, de la percepción ominosa de que lo más familiar está habitado por lo extraño. Y se propone como la idea o percepción impulsora de la narrativa del documental.

Y con la siguiente imagen se realiza la transformación de ese paisaje nítido y perfectamente construido por la imagen escénica de la cámara en un paisaje incierto, envuelto por la niebla. Tal transformación se lleva a cabo con la ayuda del registro sonoro del viento y con el movimiento rápido de las nubes, modificando en el instante ese cielo siempre presente y haciendo de esta percepción que encierra la frase 'el cielo gira' la idea motor sobre la que se construye la razón temporal de *El cielo gira*: siempre el mismo cielo, pero siempre diferente por el constante movimiento de sus estelas de nubes. Un cielo, siempre, extrañamente familiar.

Atendiendo, entonces, a este marco de la historia y a su primer segmento narrativo, podemos afirmar que *El cielo gira* no es sólo un documental sobre un pueblo en trance de des-aparecer sino, fundamentalmente, sobre la reconstrucción arqueológica de su historia a través del recuerdo de la última persona allí nacida (la directora), de los relatos más o menos caóticos de sus últimos habitantes y, finalmente, del encuentro y traída a la escena de los residuos que permanecen como marca/huella de otros habitantes y de otras historias a lo largo de los tiempos, pero todavía fuertemente presentes y actuales en las vidas, objetos e imaginarios del lugar. Es además el relato de la representación que hace el pintor de este pueblo de un pintor también allí nacido y de un cuadro pintado durante su tránsito hacia la ceguera y durante el cual reinventa, desde la memoria del paisaje y de la luz, el entorno donde transcurrió parte de su vida. El cuadro se convierte así en el marco del relato y en la estructura de la narración que seguirá.

Si aceptamos que el regionalismo crítico tiene como horizonte de su razón crítica la manipulación del terreno (y de sus características) para producir una mirada no nostálgica sobre él y, a partir de ella, hacer emerger una visión profundamente crítica a la realidad, podemos afirmar que su práctica supone, además de la particular estética utilizada para este fin, una 'actitud' ante la realidad de la que surgiría inevitablemente una política de intervención, erigida sobre una ética de la des-familiarización.[11] De hecho, en palabras de Frampton:

> Critical regionalism is a dialectical expression. It self-consciously seeks to deconstruct universal modernism in terms of values and images which are locally cultivated, while at the same time adulterating these autochthonous elements with paradigms drawn from alien sources [...]. Critical regionalism recognizes that no living tradition remains available to modern man other than the subtle procedures of synthetic contradiction. Any attempt to circumvent the dialectics of this creative process through the eclectic procedures of historicism can only result in consumerist iconography masquerading as culture (1983a: 149).

Por tanto, una forma de intervención sobre el terreno cuyo objetivo es modificarlo a través de la intervención de elementos contrapuestos, tomados de diferentes orígenes y organizados desde una posición dialéctica. Con esto se erige fundamentalmente como una práctica artística y política que establece puentes entre diferentes temporalidades, diferentes miradas éticas a la realidad y diferentes razones críticas. Es esto, precisamente, lo que Mercedes Álvarez propone en su documental.

II

Una estética, una política y una narrativa sobre el tiempo que hacen del regionalismo crítico su parámetro de reflexión será lo que permita a Mercedes Álvarez utilizar como su razón teórica tres estrategias: un

11. Basándome en la noción freudiana de 'lo ominoso' (aquello que produce la extrañeza inquietante, debido a la convergencia entre lo familiar y lo extraño), la ética de la des-familiarización se refiere a aquella situación en la que la razón crítica surge, precisamente, de hacer de lo ominoso o inquietante el lugar de la significación política o, en otras palabras, donde esa situación abre la potencialidad transformativa de la reflexión.

sistema de montaje (Benjamin), el uso de la persistencia de de la visión o *after-image* (Resina e Ingenschay) y una narrativa intensamente temporal (Ricœur) para traer a la superficie de la escena épocas y relatos pasados que se superponen al presente de Aldealseñor. De esta forma el relato del documental se abre al devenir histórico y, en consecuencia, al reconocimiento activo. En efecto, estas tres estrategias posibilitan la reinscripción significativa de lugares/eventos reconocibles del pasado, así como la inscripción de las múltiples temporalidades que participan en un artefacto, en un paisaje, en un edificio, en todo el pueblo y sus habitantes, para de esta manera reintegrarlos en el flujo de la historia.

Conviene recordar, entonces, que para Benjamin la historia, o el relato propiamente histórico (que diferencia claramente del historicismo o la historiografía), se alcanza precisamente con lo que él denomina un principio de montaje en la historia: «That is, to assemble large-scale constructions out of the smallest and most precisely cut components. Indeed, to discover in the analysis of the small individual moments the crystal of the total event. And, therefore, to break with vulgar historical naturalism. To grasp the construction of history as such. In the structure of commentary» (1999: N2, 6, 461).[12] De este modo todas las huellas de presencias pasadas que aparecen en el documental (el dinosaurio, el castro, la torre árabe, el árbol, etc.) devienen, en este específico montaje y de la mano de la 'estructura del comentario', un único evento histórico (el 'evento total') que confluye en el relato del documental y pasan a ser, así, parte intrínseca de la experiencia de des-aparición que equivale ahora a la 'la construcción de la historia como tal'. *El cielo gira* toma así la forma de un montaje arqueológico de la historia de Aldealseñor, lugar que, en el proceso de su des-aparición, se abre a una imagen dialéctica de la historia arres-

12. «Esto es, montar construcciones a larga escala a partir de los componentes más pequeños y precisos componentes cortados. En efecto, descubrir en el análisis de los pequeños e individuales momentos la cristalización de evento total. Y, por ello, romper con el vulgar naturalismo histórico. Tomar la construcción d ela historia como tal. En la estructura del comentario» (mi traducción).

tando el tiempo histórico en el momento del tránsito, en el momento de su ocurrencia.

Por otro lado, la noción que, aunque implícita, es absolutamente primordial para el documental, es la de *after-image* o persistencia de la visión, ya que ella permite ver *El cielo gira* como la expresión narrativa (el testimonio) del espacio —en este caso el espacio rural— para llenar de significación social y ética aquello que permanece una vez que ha pasado su tiempo.[13] Sería, más específicamente, la temporalización de la imagen.[14] Más aún, en palabras de Resina, el concepto de *after-image* se refiere tanto a la sensación que permanece después de la desaparición del estímulo visual como a la idea de la imagen como «a cluster of theoretical possibilities based on temporal displacement, sequentiality, supersession, and engagement» (2003: 1). Por la inclusión simultánea de elementos desestabilizadores y por la desfamiliarización que ello produce en el original, esta práctica, al igual que también la del montaje, pone en marcha una crítica de la propia noción de historia (o, más específicamente, de la noción de tiempo sobre la que ésta se apoya) y de su práctica discursiva, ya que abre a la incertidumbre su convicción motora: la linealidad absoluta del eje temporal que la compone. Desde el montaje (la composición de la imagen total desde elementos mínimos) y la persistencia de la imagen (la temporalización de la imagen desde lo que persiste como residuo o traza una vez ha desaparecido), *El cielo gira* convierte el presente, el momento de la ocurrencia de la desaparición, en el momento histórico por excelencia, aquel donde el tiempo estalla, se arresta, y se hace espacio de la pluralidad temporal.

Pero la incertidumbre radical a la que se asoma la experiencia histórica desde estas nociones de *after-image* y de montaje se intensifica

---

13. Tomo este concepto de los trabajos de Doane (2002) y Resina/Ingenschay (2003), donde su conceptualización se organiza a partir de su puesta en práctica tanto en el cine como en la cultura en general.

14. Resina observa: «Unlike 'post-image', however, the concept of after-image does not suggest that one transcends and leaves behind the imaginary. The image is fully retained, but is now a temporalized, unstable, complex image brimming with the history of its production» (2003: 1-2).

aún más en el documental con una práctica del relato muy específica. Me refiero a la intensa temporalización de la narrativa, o a lo que Ricœur llama *narrative time* (*narrativa temporal*): «I take temporality to be that structure of existence that reaches language in narrativity and narrativity to be the language structure that has temporality as its ultimate referent. Their relationship is therefore reciprocal» (1980: 169).[15] Para este autor, se llega a componer una narrativa temporal (lo que podríamos llamar la narratividad del relato) en el momento en que la narración se hace cargo de la temporalidad, es decir, en el momento en que se hace de la representación del tiempo su protagonista y, así, la temporalidad entra de lleno en el relato. Por tanto, *El cielo gira*, desde una imagen y una narrativa cuyo centro *es* el tiempo que estructura el tránsito de la des-aparición (la explicitación desde el inicio de que el documental narra el regreso a la aldea y la des-aparición de un mundo tal como se representa en el cuadro), desde una estrategia teórica de regionalismo crítico, y desde una política de montaje escénico, propone una clara reflexión sobre el tiempo histórico al declarar el presente como el centro del devenir histórico. Y lo hace con la ayuda de los materiales de construcción y deconstrucción del relato —la memoria, el testimonio, el registro discursivo; la pintura del paisaje y el paisaje real, la cámara-ojo registrando la imagen congelada— para registrar el movimiento del tiempo como la imagen dialéctica de la historia aquella que, de acuerdo con Benjamin, es capaz de producir un 'despertar' en el instante de su arresto:

> It is not what is past casts its light on what is present, or what is present its light on what is past; rather, image is that wherein what has been

15. En su magnífico ensayo «Narrative Time», Paul Ricœur distingue tres niveles constitutivos del tiempo: el primero sería el del momento *en* que el evento tiene lugar (*within-time-ness*); el segundo se refiere al énfasis puesto en el peso del pasado y a la recuperación de la línea que une el tiempo del nacimiento con el de la muerte pero *en la repetición* —esto sería lo que produciría la historicidad del tiempo—; y, el tercero, aquel que nos concierne en relación a la razón histórica que propone *El cielo gira*, sería el tiempo más allá de la historicidad, el que aparece en la unidad plural de los tres tiempos cronológicos.

> comes together in a flash with the now to form a constellation. In other words, image is dialectics at a standstill. For while the relation of the present to the past is purely temporal, continuous one, the relation of what-has-been to the now is dialectical: is not progression but image, suddenly emergent. — Only dialectical images are genuine images (that is, not archaic); and the place where one encounters them is language. (1999: N2a, 3, 462).[16]

El arresto o estallido del sentido histórico vendría dado por la coyuntura de varios aspectos: por el énfasis del documental en representar no sólo el tiempo de la des-aparición, sino también, y mientras ocurre, el tiempo de los objetos, de los eventos, de los paisajes y de la arquitectura; por la intersección del lenguaje cinematográfico y el lenguaje narrativo. El primero abarcaría una técnica de montaje basada en la dialéctica entre la memoria personal/local y la colectiva/remota, entre un paisaje familiar y uno extraño y entre una representación realista y otra idealista, mediada por la pintura. El segundo se compondría del

16. «No es que lo que es pasado ilumine lo que es presente, o que el presente ilumine lo que es pasado; es que la imagen es lo que donde lo que ha sido se une en un *flash* con el ahora para formar una constelación. En otras palabras, la imagen es dialéctica en suspenso. Puesto que mientras que la relación del presente al pasado es puramente temporal, continua, la relación de lo que-ha-sido al ahora es dialéctica: no es progresión sino imagen, de pronto emergente. Sólo las imágenes dialécticas son imágenes genuinas (es decir, no arcaicas); y el lugar donde se encuentran es en el lenguaje. Despertar» (mi traducción). En la siguiente página, Benjamin retoca este pensamiento de la siguiente manera: «For while the relation of the present to the past is purely temporal, the relation of what-has-been to the now is dialectical: not temporal in nature but figural (*bildlich*). Only dialectical images are genuine historical — that is, not archaic — images. The image that is read — which is to say, the image in the now of its recognizability — bears to the highest degree the imprint of the perilous critical moment on which all reading is founded» (1999: N3, 1, 463; «Puesto que mientras que la relación del pasado al presente e puramente temporal, la relación a lo que-ha-sido al ahora es dialéctica: no temporal en su naturaleza sino figurativa (*bildlich*). La imagen que se lee —es decir, la imagen en el ahora de su reconocimiento— lleva hasta su más elevado grado la huella del momento de peligro crítico en el que toda lectura se funda»; mi traducción).

testimonio oral y el testimonio visual, de la palabra y de la imagen o, en definitiva, por la presencia de lo que Joan Ramon Resina considera «la fisura ontológica entre la percepción y la representación» (2003: xiii).[17] Es fundamental, entonces, rescatar *El cielo gira* como imagen dialéctica del tiempo en la medida en que es ella la que permitirá hacer significativa la relación que guarda 'lo que ha sido' con el 'que está siendo' y el 'que será', la relación que esto tiene con el sujeto de la historia y en cómo ésta se percibe y se representa. De hecho, la teoría de la persistencia de la imagen tiene que ver con el deseo del ser humano de retener la imagen, de hacerla durar y, como afirma Mary Ann Doane, con la obsesión que la filosofía mantiene con la idea de una temporalidad no-linear como la marca de una subjetividad humana por excelencia: «The theory of the afterimage presupposes a temporal aberration, an incessant invasion of the present moment by the past, the inability of the eye to relinquish an impression once it is made and the consequent superimposition of two images» (2002: 76).[18]

La repetida imagen de las nubes en movimiento; los fundidos en claro-oscuros que dan lugar a diferentes percepciones del mismo paisaje; las tomas repetidas de los mismos lugares, edificios y personajes pero representándolos desde sus diferencias según las tonalidades de luces y sombras que se enfaticen, desde brumas que despiertan el día u oscuridades que lo pone a dormir; con la ayuda de todas estas estrategias y con otros medios técnicos y poéticos, Mercedes Álvarez hace

17. Resina, en el mismo libro, introduce magníficamente el concepto de *after-image* en base a una reflexión crítica sobre la modernidad y la posmodernidad, la imagen y la representación, el concepto de 'no-lugar', la cuestión de la temporalidad y la historia (entre otros temas relevantes), así como sobre trabajos seminales de Barthes, Benjamin, Simmel, Virilio, etc. Cabe señalar que tanto Resina como Ingenschay escriben el concepto con un guión. El uso del guión entraña una posición teórica fundamental: para Resina es en él donde se establece la temporalización de la imagen.

18. «La teoría de la persistencia de la imagen (*afterimage*) presupone una aberración temporal, una invasión cesante del momento presente por el pasado, la inhabilidad del ojo de renunciar a una impresión una vez que se ha hecho y la consecuente superimposición de dos imágenes» (mi traducción).

'durar el tiempo', lo replica, lo hace constelación, para que el trance de la des-aparición —aquello que urge ser representado y que ocurre en un *ahora*— sea también el trance de la des-aparición que ha estado ocurriendo desde el comienzo de los tiempos. Y en este sentido, la luz-sombra sobre la que el pintor compone sus cuadros (su memoria en su trance hacia la ceguera) supone así la metáfora de todo el documental, ya que será ella, en ese pasaje de la luz a la sombra, la que guarde el deseo de la representación que, siguiendo a Resina, se establecería como «a space for reflection not just on the cultural meditation of what is perceived but on the image's mnemonic carácter, on its intervisuality» (2003: 15). Lo que emerge tanto del tránsito a la ceguera como del tránsito hacia la des-aparición de la aldea es, precisamente, la persistencia de la imagen y, a través de ella, del tiempo plural de la historia.

III

En su nivel más básico *El cielo gira* reconstruye, a partir de la *réplica* de una mirada primigenia: la de una mujer adulta 'repitiendo' la mirada de una niña (ella misma) cuando forma, desde su ventana, la primera imagen del mundo desde un *ahora* que presenta el mundo en ruina. Esta niña regresa al pueblo, después de veinte años, para ser testigo de los últimos vestigios de vida en ese pueblo y para registrar, con su cámara, no sólo la génesis de un mundo cuya realidad está en trance de desaparición, sino, más importante, para «mostrar qué cosas ocurren entonces [en el tiempo de la ruina y la decadencia de la vida humana] y registrarlas mientras ocurren», y para inscribir los diferentes estratos geológicos que componen la 'historia' de este tiempo en ruina. El documental es así el intento de de-construir esa imagen originaria e inamovible del mundo —un mundo perfectamente delimitado hasta donde el ojo alcanza («más acá de la loma»)— y contaminarlo con la participación de otras experiencias que, surgidas en la estampa de la ruina, a-parecen venidas de otros tiempos, ocultos e irreconocibles en el constreñimiento que produce una idea arcaica de origen y de historia. En este intento se encarnaría la potencialidad de hacer estallar la historicidad del evento histórico (el evento ocurriendo, el evento en movimiento, el evento constituido por su pluralidad temporal en una constelación presente) durante la convergencia de todas esas miradas con la que la cámara relata, tras la imagen persistente, cómo construyó el mundo y cómo lo ve ahora en ruina.[19] En otras palabras, esta 'deconstrucción' buscaría devolverle a todas esas miradas, y a todas las experiencias que esas miradas cristalizan, su 'momento de reconocimiento' en el instante detenido, en el tiempo en suspenso que la imagen de la ruina permite conceptualizar. El tiempo de la ruina, entonces, *es* el tiempo de la des-aparición (lo que está en trance de emerger o aquello que está por desaparecer) «mientras las cosas ocurren».

Al mismo tiempo, y quizás para enfatizar esta temporalidad (o que el tiempo es realmente el protagonista del film), *El cielo gira* utiliza dos estrategias de presentación muy diferentes pero complementarias. Por un lado, la utilización de una cámara-ojo presenta sin adornos o mediaciones la realidad del universo local, de sus habitantes y de sus historias, se desliza sin comentario y hace que los habitantes de Aldealseñor hablen sin mediadores;[20] a partir de ello el realismo funciona como el

19. La representación se realizaría en diversas instancias: a través de la recuperación significativa de los remanentes de otras civilizaciones que, en su inscripción indeleble en los objetos, en los espacios, en la memoria, actualizan el pasado haciéndolo intervenir significativamente en el momento contemporáneo; en el propio proceso de des-aparición que ocurre mientras la película se está filmando —el presente narrativo del documental—; en la incorporación de sujetos y tecnologías que apuntan a un futuro humano y paisajístico *otro* al que va desapareciendo, pero que, sin embargo, seguirá conteniéndolo en la permanencia de sus estelas —los molinos hidráulicos, los pastores árabes, en los que, de hecho, se encarnan de forma ejemplar, la convivencia de los tres tiempos.

20. Cuando hablo de cámara-ojo me estoy refiriendo, en realidad, a lo que Deleuze afirma cuando le piden que justifique la ausencia del concepto de 'mirada' (*gaze*) en su trabajo: «El ojo no es la cámara sino la pantalla. La cámara, con todas sus funciones preposicionales, es más bien un tercer ojo, un ojo mental... Lo que la cámara desvela es precisamente eso [las relaciones como actos simbólicos que sólo tienen existencia mental]: el encuadre y el movimiento de la cámara expresan las relaciones mentales» ([1990]: 47). Vemos, de este modo,

género privilegiado del documental, aquel que permite ese deseado registro de la ocurrencia de las cosas. Por otro lado, la inclusión del pintor ciego, pintando sus cuadros en el (su) momento del tránsito al mundo de las sombras, nos deja con la representación del mismo universo local y de su paisaje. Una representación que está esencialmente construida sobre una idea, la del paisaje en la memoria y, en consecuencia, opuesta a la que el documental está presentando desde su registro realista.

A partir de la simultaneidad y la convergencia de estas dos maneras, el realismo documental y el idealismo del pintor, Álvarez mostrará que tal universo, prendido de forma indeleble en la retina de los dos artistas, se empeña en traer a la superficie de un presente incierto «la verdad del tiempo» y los residuos de un pasado que se resisten a no formar parte explícita de ese proceso actual de des-aparición. De hecho, y siguiendo a Bazin, la inclusión de la pintura en el cine hace que la dimensión temporal varíe radicalmente, ya que «time in a painting, so far as the notion applies, develops geologically and in depth» (2005a: 165).[21] La 'verdad del tiempo', retomando la noción de Wal-

---

que 'cámara-ojo' se refiere a la constelación de relaciones que surgen de la díada entre encuadre y las relaciones que éste produce y la imagen mental ya que así, «si la cámara es un ojo, se trata de un ojo mental [...] supera la imagen-acción hacia algo más profundo, las relaciones mentales, una especie de videncia» (ibíd.: 48).

21. En relación al concepto de 'verdad del tiempo' leemos en Benjamin: «Resolute refusal of the concept of 'timeless truth' is in order. Nevertheless, truth is not — as Marxism would have it — a merely contingent function of knowing, but is bound to a nucleus of time lying hidden within the knower and the known alike. This is so true that the eternal, in any case, is far more the ruffle on a dress than some idea» (1999: N3, 2, 463; «Es necesario un rechazo absoluto del concepto de 'verdad a-temporal'. Sin embargo, la verdad no es —como diría el marxismo— una mera función contingente del saber, sino que está enlazada a un núcleo de tiempo que se esconde en el conocedor y el objeto de conocimiento. Esto es tan verdad que lo eterno es, en cualquier caso, más el lazo de un vestido que una idea» (mi traducción). Obviamente, esta cita enfatiza la idea de una temporalidad sólo significativa en la medida en que esté cargada de una pluralidad de tiempos. Y, por tanto, en la misma afirmación, se niega la verdad de un tiempo fijo, estable y sin relación a otros.

ter Benjamin, surge precisamente en esa inscripción que el relato hace de los residuos de otras temporalidades, pasadas o futuras, que, si bien se agazapan en los pliegues del conocimiento, sólo emergen ante la mirada crítica del historiador (del historiador materialista) cuando éste alza como su tarea la de registrar, en el discurso y por la práctica, la indeleble relación entre el sujeto del conocimiento y su objeto. Al utilizar el tiempo de la ruina como el momento de la imagen dialéctica que inaugura la posibilidad del devenir histórico, Álvarez no parece (y no podría) estar tan interesada en reproducir la esencia de una mirada infantil (una mirada nostálgica del origen y, por tanto, presa del historicismo) como de trasladarla a, y transcribirla en, una memoria comprometida del presente y para el presente, y así producir una reflexión crítica sobre el índice temporal que marca y registra la *experiencia* de la historia. Su 'retorno' a los orígenes, su regreso a Aldealseñor, sería lo que Ricœur asocia con el regreso de un relato moderno a su «espacio y tiempo primordiales» (1980: 185; mi traducción) *para* revestirlos con su verdadero carácter genealógico. En otras palabras, la recuperación de los estratos temporales que forman el universo histórico de Aldealseñor, a partir de esta mirada que «repite» la infantil, se dirige a devolver a los sucesos del pasado su historicidad (su potencialidad de ser reconocidos y comprendidos en el presente), su experiencia como parte de una tradición común y comunitaria, la de todos los habitantes de la aldea a lo largo de toda su historia. Para Ricœur, y para Álvarez con él, este proceso de historización del presente no sería otra cosa que la devolución a la experiencia del tiempo de su carácter esencial de repetición o, en otras palabras, el traslado de un experiencia de *within-time-ness* a una experiencia de recolección, de algo puramente individual a algo esencialmente comunitario (ibíd.: 180).[22]

22. Para Ricœur, la repetición está en el corazón de la descronologización temporal, de ese proceso que fisura la línea de continuidad sobre la que la Historia organiza su relato. La repetición es aquello que establece una profunda relación entre el sujeto y la tradición, entre el retorno al origen, el destino del individuo y la comunidad, entre la herencia de la tradición y el presente y el futuro. En la última parte de su excelente y todavía importante ensayo sobre el tiempo narrativo y el historicismo, el filósofo francés concluye que el análisis de la historicidad

De hecho vemos que *El cielo gira* reconstruye la mirada personal de la propia directora como el punto de intersección, como su registro, entre la memoria íntima y la memoria colectiva, traída al relato por las voces de los últimos habitantes de la aldea, por los archivos de la aldea (las fotografías de los actos comunales en la plaza, etc.) y por las formas inscritas en el tronco del árbol ancestral y en los antiguos edificios que se conservan en forma de ruina, todos ellos bajo el mismo cielo en movimiento constante, al enmarcarlas simultáneamente en la inminente desaparición de su pueblo soriano y en el trabajo del pintor Pello Azketa.[23] Estas intersecciones entre lo privado y lo comunitario, entre el tiempo de la memoria personal e íntima y la memoria colectiva e his-

---

aplicaría no a la historicidad como tal, sino a «its radical genesis beginning from that unitary structure by virtue of which time temporalizes itself as future, past, and present. The concept of tradition, in the sense of a common destiny more fundamental than any individual and moral fate, does not exclude this other meditation: it calls for it. Some consideration of death is inherent in any meditation on the constitution of history. Must not something or someone die if we are to have a memory of it or him or her? Is not otherness of the past fundamentally to be seen in death? And is not repletion itself a kind of resurrection of the dead, as any reader of Michelet will recognize?» (1980: 190; «[s]u radical génesis comenzando desde la estructura unitaria por la cual el tiempo se temporaliza como futuro, pasado y presente. El concepto de tradición, en el sentido de destino común más importante que cualquier individuo, moral o destino, no excluye esta otra meditación: la pide. Algunas consideraciones sobre la muerte son inherentes a cualquier meditación sobre la constitución de la historia. ¿No debe algo o alguien morir si vamos a tener memoria de ello, de él o ella? ¿No es fundamentalmente la alteridad del pasado lo que se ve en la muerte? ¿Y no es la repetición misma un tipo de resurrección de la muerte, como cualquier lector de Michelet reconocería?»; mi traducción).

23. En el excelente libro coordinado por Ángel Crespo sobre el documental, *El batallón de sombras: nuevas formas documentales del cine español*, uno de sus colaboradores, Santiago Gallego, afirma: «El viaje que Mercedes Álvarez emprende, y que le llevó a desplazarse intermitentemente a la zona durante un año, es pues un viaje interior, al territorio de la memoria, pero es también la confrontación de los recuerdos con la erosión a la que el tiempo los ha ido sometiendo, una especie de inyección de realismo en la frágil memoria afectiva tan susceptible de idealizar los días de la infancia o las imágenes ligadas a la juventud de unos padres, ahora ancianos o incluso fallecidos» (2006: 53).

tórica, así también como entre el paisaje real de Aldealseñor y el representado por los pinceles de Azketa, serán las que produzcan el compromiso con un acontecer que no quiere ser olvidado, que quiere ser registrado en los archivos como la historia de un presente que ocurre y des-aparece ante la cámara y ante sus protagonistas;[24] como un presente que se constituye como tal tanto en ese proceso de la desaparición de un mundo (la tendencia realista de su documental) como en la desaparición de su trazas genealógicas donde el conocimiento histórico y su objeto se re-unen con su razón (la tendencia constructivista del film). Éste sería el proyecto del film, el deseo de mostrar, pero sobre todo constatar y registrar, de darle visibilidad, a la historia ocurriendo para que permanezca en el momento mismo del tránsito.

IV

A modo de conclusión me gustaría enfatizar que el realismo documental, la explicitación del entramado representacional (inclusión pictórica), y el juego dialéctico por el que se suman divergencias ponen en marcha lo que podríamos denominar una política de la visibilidad.[25] Por un lado, a través del juego de luz, sombras y encuadres paisajísticos repetidos en numerosas ocasiones, con el que la cámara construye el lugar de una forma total y totalizadora desde una pluralidad temporal. Por otro lado, mediante el matiz del color paisajístico que va transformándose de acuerdo a las estaciones del año permitiéndole, así, encua-

24. La superposición de la representación realista e idealista del documental (la inmediación de la cámara documentalista y la de la pintura) convierten este trabajo fílmico en un híbrido entre lo que Kracauer llamaría un documental artístico (*the film on art*), aquel que retrata una obra de arte, es decir, una obra que «alcanza la dimensión de una realidad no escenificada sin pertenecer completamente a ella y un documental factual (*documentary*), que se concentra en la existencia física real» (1960: 194; mi traducción).
25. Cuando hablo de política de la visibilidad me refiero al concepto de política que acuñó Rancière al afirmar que hay política en el momento en que «hay una causa del otro, una diferencia de la ciudadanía consigo misma» (2006: 37).

drar la historia del pueblo en un ciclo temporal natural. A ello ayuda, además, la estructura del film, que se divide en cinco partes: tres relacionadas con las estaciones —parte 1, «Otoño, las cosas que aparecen»; parte 2, «Invierno en los ojos»; y parte 4, «Primavera leve y grave»—; y las otras dos partes, 3 y 5 —«Las ciudades sumergidas» y «El cielo gira», respectivamente—, que traen al centro temático la idea de la historia como genealogía y remanente. En la parte tercera se narra la historia de Numancia, la villa romana: «Dentro de la tierra estaban las ciudades», nos dice la narradora; y en la quinta y última parte vemos cómo el pintor, que «esperaba ese momento en que las cosas aparecen», compone el que quizás sea su último cuadro y escuchamos las conversaciones de dos de los habitantes de la aldea sobre la futilidad de la vida, sobre su principio y su final. El tiempo lineal, el tiempo que va desde el nacimiento a la muerte (quizás representado por los últimos habitantes de Aldealseñor), se expande para abarcar el tiempo verdadero, el de la des-aparición (la cámara mira hacia el pasado, al momento de la mirada originaria, y hacia el presente, documentando el devenir del pueblo, mientras que el pincel mira hacia el pasado, recordando el paisaje y la luz, y hacia el futuro, en el trabajo de 'hacer aparecer' las cosas). En su forma, esta expansión temporal se trabaja sobre la idea de una 'última' generación doble: la que vive en el pueblo y cuya desaparición es inminente, y la otra que lo abandonó hace años y regresa a él para registrar desde la construcción realista (Álvarez) y desde la representación idealista (Azketa) la memoria de los que desaparecen y la de aquellos que, en ese proceso de des-aparición, se hacen presentes (los sujetos del pasado y los del futuro). Recordemos, otra vez, que el film se abre con la cámara fija en un cuadro donde dos niños miran al lago, en espera de que algo des-aparezca. El uso de las estaciones y de la luz, así como la construcción realista e idealista del paisaje, producen esta temporalización tan específica del relato a partir de la cual emerge la explicitación de ese *hacer-presente* que transforma el tiempo linear abstracto en preocupación y, en consecuencia, en tiempo *actual* y no-abstracto.[26]

---

26. Véase Ricœur (1980), donde el autor pone en relación de reciprocidad intrínseca la narratividad (que él construye a través del argumento de la historia) y la

Por último, a partir de la relación dialógica entre dos opuestos, o dos situaciones de oposición radical, la idea de aparición y desaparición que dirige la pintura de Azketa y la propia narrativa oral de la voz en *off* Mercedes Álvarez distorsiona radicalmente el ciclo natural del tiempo y lo abre a esa otra temporalidad contaminada esta vez por los significados que las huellas y las estelas de otras historias y otros momentos inscriben en el relato. Sería esa temporalidad a la que Ricœur se refiere como «la unidad plural del pasado, presente y futuro» (1980: 181). Con estos elementos estructurales, un color y una luz que encuadran el paisaje, la representación del ciclo natural del tiempo y una narrativa articulada sobre la idea de la dicotomía aparición/desaparición, además de la forma en que presenta el contenido de su documental (es decir, su forma narrativa de documental), Álvarez registra y le confiere marca ontológica lo que Joan Ramon Resina ha llamado «la inestabilidad de lo visible», es decir, la complejidad histórica que constituye tanto el pasado (aquello desaparecido) como el presente (aquello que se percibe en el tránsito de su des-aparición), como el futuro (la potencialidad engendrada en la posibilidad de la aparición).[27] Y lo hace así desde su proyecto realista, a partir del cual objetiviza la realidad concreta; y desde un proyecto filosófico que, a través del uso de la técnica documentalista experimental, cuestiona la temporalidad de los acontecimientos para devolverles su índice histórico. En definitiva, *El cielo gira* sería, en mi opinión, el intento de

temporalidad para llevar a cabo una crítica a la historiografía y a las teorías del tiempo que reducen a éste a una sucesión linear de eventos.

27. Resina señala: «*En construcción* was an extended metaphor on the instability of the visible, the overlaying of images, and the production of 'sight at 'sites' with shifting coordinates. At these sites the traditional ontology associated with photography (and with cinema as an extension of the latter) gives way to metamorphosis, rediscovery, and the historicizing of the gaze» (2008b: 257). En mi opinión, éste es el proceso narrativo del que somos testigos en *El cielo gira*; es decir, de la inscripción de una temporalidad en tránsito que, en su des-aparición, la registra como una temporalidad cargada de historicidad. De este modo, *El cielo gira* nos confronta con lo que Mary Ann Doane nominaría como el registro del tiempo (véase 2002: cap. 1).

registrar el tiempo del evento, el tiempo del acontecer mismo y representarlo en el mismo momento de su ocurrencia, de su tránsito temporal. Ello sería lo que, parece inferirse del documental, carga la narrativa de índice temporal en el mismo giro en que ésta deviene realidad. El film teoriza, precisamente, sobre la necesidad de que el sujeto histórico/el sujeto de la historia se encuentre hospitalariamente con su potencialidad histórica para así hacerla intervenir como experiencia en la realidad. Se trata, afirma la autora, «de [mostrar] un paisaje de ruinas, [mostrar] lo que era antes en cuanto que ya no es y luego un tiempo nuevo que ha suplantado al anterior [...] de ese intervalo en el que todavía hay vida».[28] Filmar el paso del tiempo, las huellas de lo que fue y de lo que está por venir en el momento del tránsito, del movimiento. Filmar en un gesto de simultaneidad, en definitiva, aquello que *des-aparece* para así reflejar esos «momentos únicos, hechos que brillan con un significado especial al tiempo que se apagan, y que tienen la capacidad de evocar toda la intensidad del trance».

28. Tomo esta cita y la siguiente de la reflexión que Mercedes Álvarez incluye en los 'extras' del DVD bajo el título de «Aparición y desaparición».

Obras citadas

ÁLVAREZ, Mercedes (2004): *El cielo gira*: España, Alokatu S.L.

ANDREW, Dudley (1984): *Concepts in Film Theory*, Oxford: Oxford University Press.

ARAVENA NUÑEZ, Pablo (2006): «Historia: ¿De quién? y ¿para quién? (A propósito de Gabriel Salazar)», *Archivo Chile*, 26 de noviembre, <http://www.archivochile.com/>.

BAZIN, André (2005a [1967]): *What is Cinema?*, vol. 1, Berkeley: University of California Press.

— (2005b [1971]): *What is Cinema?*, vol. 2, Berkeley: University of California Press.

BENET, Vicente José (s/f): «La nueva memoria: Imágenes de la memoria en el cine español de la transición», <http://gupea.ub.gu.se/dspace/bitstream/2077/3223/1/anales_3-4_benet.pdf>.

BENJAMIN, Walter (1968): *Illuminations. Essays and Reflections*, New York: Schocken Books.

— (1999): *The Arcades Project*, traducción de Howard Eiland y Kevin McLaughlin, Cambridge: Belknap Press of Harvard University Press.

— (2007): «Pequeña historia de la fotografía», en *Walter Benjamin. Obras. Libro II/vol. 1*, ed. española Juan Barja, Félix Duque y Fernando Guerrero, Madrid: Abada Editores, pp. 377-403.

BENSAÏD, Daniel (2002): *Marx for Our Times*. London: Verso.

BESAS, Peter (1985): *Behind the Spanish Lens. Spanish Cinema Under Fascism and Democracy*, Denver: Arden Press, INC.

BHABHA, Homi (1994): «DissemiNation», en *The Location of Culture*, London/New York: Routledge, pp. 139-170.

BORAU, José Luis (1999): «Laughs with Buñuel», en Marsha Kinder (ed.), *Luis Buñuel's «The Discreet Charm of the Bourgeoisie»*, Cambridge: Cambridge University Press.

BRAUDY, Leo y Marshall COHEN (eds.) (2004): *Film Theory and Criticism*, Oxford: Oxford University Press.

BROWN, Wendy (2001): *Politics out of History*, Princeton: Princeton University Press.

BUÑUEL, Luis (1982): *Mi último suspiro (memorias)*, Barcelona: Plaza & Janés.

— (2000 [1972]): *The Discreet Charm of the Bourgeoise*, s.l.: The Criterion Collection.

— (2001 [1977]): *That Obscure Object of Desire*, s.l.: The Criterion Collection.

— (2005 [1974]): *The Phantom of Liberty*, s.l.: The Criterion Collection.

CADAVA, Eduardo (1997): *Words of Light. Theses on the Photography of History*, Princeton: Princeton University Press.

— (2001): «*Lapsus Imaginis*: The Image in Ruins», *October* 96, primavera, pp. 35-60.

CASTRO DE PAZ, José Luis, Julio PÉREZ PERUCHA y Santos ZUNZUNEGUI (dirs.) (2005): *La nueva memoria: historia(s) del cine español (1939-2000)*, A Coruña: Vía Lactea.

CAMUS, Mario (1984): *Los santos inocentes*, España, Ganesh Producciones Cinematográficas.

CHÁVARRI, Jaime (1976): *El desencanto*, España, Elías Querejeta Producciones Cinematográficas.

CRESPO, Alfonso (coord.) (2006): *El batallón de las sombras: nuevas formas documentales del cine español*, Barcelona: GPS.

«Declaración "Gravissimum Educationis". Sobre la Educación Cristiana», en *Documentos del Concilio Vaticano II*, <http://www.vatican.va/archive/hist_councils/ii_vatican_council/documents/vat-ii_decl_19651028_gravissimum-educationis_sp.html>.

DELEUZE, Gilles [1990]: *Conversaciones 1972-1990*, trad. José Luis Pardo, Ediciones electrónicas de www.philosophia.cl/ Escuela de Filosofía Universidad ARCIS, <http://www.scribd.com/doc/103448/Deleuze-Conversaciones>.

DELIBES, Mario (1981): *Los santos inocentes*, Barcelona: Planeta.

D'LUGO, Marvin (1997): *Guide to the Cinema of Spain*, Wesport (Conn.)/ London: Greenwood Press.

— (1999): «Buñuel in the Cathedral of Culture: Reterritorializing the Film Auteur», en Marsha Kinder (ed.), *Luis Buñuel's «The Discreet Charm of the Bourgeoisie»*, Cambridge: Cambridge University Press, pp. 101-110.

DE LA IGLESIA, Álex (2000): *La comunidad*, España, Lolafilms.

DERRIDA, Jacques (1994): *Specters of Marx. The State of the Debt, the Work of Mourning, and the New International*, New York: Routledge.

DOANE, Mary Ann (2002): *The Emergence of Cinematic Time. Modernity, Contingency, the Archive*, Cambridge (Mass.): Harvard University Press.

Dudley, Andrew (2004): «Adaptation», en Leo Braudy y Marshall Cohen (eds.), *Film Theory and Criticism*, New York/Oxford: Oxford University Press, pp. 461-469.

Echevarría, Bolívar (comp.) (2005): *La mirada del ángel: en torno a las «Tesis de la historia» de Walter Benjamin*, México: Universidad Autónoma de México/Era.

Egea, Juan (2004): «*El desencanto*: la mirada del padre y las lecturas de la transición», *Symposium* 58, 2, julio, pp. 79-92.

Ehrlich, Linda (2008): «Three Contemporary Spanish Films: Landscapes, Recollection, Voice», *Sense of Cinema* 46, pp. 1-14.

Evans, Peter William (1995): *The Films of Luis Buñuel: Subjectivity and Desire*, Oxford: Claredon Press.

Fernández, James D. (2002):. «Conmemoraciones para el olvido. España, 1898-1998», en Eduardo Subirats (ed.), *Intransiciones. Crítica de la cultura española*, Madrid: Biblioteca Nueva, pp. 133-142.

Foucault, Michel (2003): *Society must be defended. Lectures at the Collège de France, 1975-1976*, New York: Picador.

Frampton, Kenneth (1983a): «Prospects for a Critical Regionalism», *Perspecta* 20, pp. 147-162.

— (1983b): «Towards a Critical Regionalism; Six Points for an Architecture of Resistence», en Hal Foster (ed.), *The Anti-Aesthetics. Essays on Postmodern Culture*, Washington: Bay Press, pp. 16-30.

Franco, Ricardo (1994): *Después de tantos años*, España, Aiete Films/Ariane Films.

Freud, Sigmund (1973a): «Algunas observaciones sobre el concepto de lo inconsciente en el psicoanálisis», trad. Luis López-Ballesteros y de Torres, en *Obras completas*, Madrid: Biblioteca Nueva, vol. II, pp. 1697-1701.

— (1973b): «Lo Inconsciente», trad. Luis López-Ballesteros y de Torre, en *Obras completas*, Madrid: Biblioteca Nueva, vol. III, pp. 2061-2082.

— (1973c): «Fetichismo», trad. Luis López-Ballesteros y de Torre, en *Obras completas*, Madrid: Biblioteca Nueva, vol. III, pp. 2993-2996.

— (1973d): «El malestar en la cultura», trad. Luis López-Ballesteros y de Torres, en *Obras completas*, Madrid: Biblioteca Nueva, vol. III, pp. 3017-3067.

Fuentes, Víctor (1989): *Buñuel: cine y literatura*, Barcelona: Salvat.

— (1999): «The Discreet Charm of the Postmodern: Negotiating the Great Divide with the Ultimate Modernist, Luis Buñuel», en Marsha Kinder (ed.), *Luis Buñuel's «The Discreet Charm of the Bourgeoisie»*, Cambridge: Cambridge University Press, pp. 82-97.

— (2005): *La mirada de Buñuel. Cine, literatura y vida*, Madrid: Tabla Rasa.

GARCÍA DE LEÓN, Antonio (2005): «El instante detenido», en Bolívar Echevarría (comp.), *La mirada del ángel: en torno a las «Tesis de la historia» de Walter Benjamin*, México: Universidad Autónoma de México/Era, pp. 107-116.

GUBERN, Román, *et al.* (1997): *Historia del cine español*, Madrid: Cátedra.

HEATH, Stephen (1981): *Questions of Cinema*, Bloomington: Indiana University Press.

HEREDERO, Carlos F. (2005): «*El cielo gira* (Documental)» (reseña), Filmoteca de Andalucía, <http://www.elcultural.es/version_papel/CINE/12001/El_cielo_gira_(Documental)>.

HERNÁNDEZ-GARCÍA, Carmela (1996-1997): «Dos acercamientos a la fábula de *Los santos inocentes*», *Letras Peninsulares* 9, 2-3, pp. 239-256.

HOPEWELL, John (1986): *Out of the Past. Spanish Cinema after Franco*, London: British Film Institute.

HUYSEEN, Andreas (1995): *Twilight Memories. Parking Time in a Culture of Amnesia*, New York/London: Routledge.

JAMESON, Fredric (1994): *The Seeds of Time*. New York: Columbia University Press.

KRACAUER, Siegfried (1960): *Theory of Film. The Redemption of Physical Reality*, Oxford: Oxford University Press.

KINDER, Marsha (1975): «The Tyranny of Convention in *The Phantom of Liberty*», *Film Quarterly* 28, 4, verano, pp. 20-25.

— (1993): *Blood Cinema. The Reconstruction of National Identity in Spain*, Berkeley: California University Press.

— (1997): «Documenting the Nacional and Its Subversion in a Democratic Spain», en Marsha Kinder (ed.), *Refiguring Spain. Cinema/Media/Representation*, Durham: Duke University Press, pp. 65-98.

— (ed.) (1999a): *Luis Buñuel's «The Discreet Charm of the Bourgeoisie»*, Cambridge: Cambridge University Press.

— (1999b): «The Nomadic Discourse of Luis Buñuel: A Rambling Overview», en *Luis Buñuel's «The Discreet Charm of the Bourgeoisie»*, Cambridge: Cambridge University Press, pp. 1-27.

LABANYI, Jo (2000): «History and Hauntology; or, What Does One Do with the Ghosts of the Past? Reflections on Spanish Film and Fiction of the Post-Franco Period», en Joan Ramon Resina (ed.), *Disremembering the Dictatorship: The Politics of Memory in the Spanish Transition to Democracy*, Amsterdan: Rodopi, pp. 191-222.

LACAN, Jacques (1973): *Los cuatro conceptos fundamentales del psicoanálisis (1964)*, Barcelona: Paidós.

LOSILLA, Carlos (2005): «*El cielo gira.* Hacerse mayor», *Dirigido* 346, junio, <http://soria-goig.com/elcielogira/elcielogira2.htm>.

MÁRQUEZ-PRIBITKIN, Yvette (1995): «*Los santos inocentes* visto por Mario Camus años más tarde», *Anuario de Cine y Literatura en Español: An Internacional Journal of Film and Literature* 1, pp. 55-64.

MARTIN-MÁRQUEZ, Susan L. (1990): «The Spectacle of Life: Ana Mariscal's Vision of Miguel Delibes' *El camino*», *Romance Languages Annual* 2, pp. 469-473.

— (1991): «La óptica del optimismo en *Los santos inocentes* de Mario Camus», *Romance Languages Annual* 3, pp. 500-504.

— (1999): *Feminist Discourse and Spanish Cinema: Sight Unseen*, Oxford: Oxford University Press.

MARTINS, Laura (1999): «Luis Buñuel: lo que vemos, lo que nos mira», *La Nueva Literatura Hispánica* 3, pp. 189-199.

— (2004a): «Luis Buñuel, or Ways of Disturbing Spectatorship», en Peter Evans y Isabel Santaolalla (eds.), *Luis Buñuel. New Readings*, London: British Film Institute, pp. 187-197.

— (2004b): «Un cine en contra de la opresión y las microcristalizaciones fascistas y a favor de la imagen desbordada», en Isabel Santaolalla *et al.* (eds.), *Buñuel, Siglo XXI*, Zaragoza: Prensas Universitarias de Zaragoza/ Institución Fernando el Católico, pp. 327-333.

METZ, Christian (1977): *The Imaginary Signifier: Psychoanalysis and the Cinema*, Bloomington (Ind.): Indiana University Press.

MEDINA, Alberto (2001): *Exorcismos de la memoria. Políticas y poéticas de la melancolía en la España de la transición*, Madrid: Libertarias.

MINGUET, Joan M. (1997): «*El desencanto*», en Julio Pérez Perucha, *Antología crítica del cine español (1906-1995): Flor en la sombra*, Madrid: Cátedra, pp. 743-745.

MONEGAL, Antonio (1993): *Luis Buñuel, de la literatura al cine. Una poética del objeto*, Barcelona: Anthropos.

— (1994): «La pantalla de papel: Proyecciones intertextuales, o la economía del préstamo», *Letras Peninsulares* 7, 1, primavera, pp. 185-192.

MORA, Miguel (2009): «No soy el delfín de Berlusconi» (entrevista a Gianfranco Fini), <http://www.elpais.com/articulo/portada/Aznar/ayudo/integrar/posfascimo/derecha/democratica/elpepipor/20090310elpepiint_4/Tes/>.

MORÁN, Gregorio (1991): *El precio de la transición*, Madrid: Planeta.

MOREIRAS-MENOR, Cristina (2002a): *Cultura herida: literatura y cine en la Espana democrática*, Madrid: Libertarias.

— (2002b): «Modernity's Violence: Clarín's Short Stories and the Occlusion of Origins», *Journal of Spanish Cultural* Studies 3, 1, pp. 87-99.

— (2003): «Regionalismo crítico y la reevaluación de la tradición en la España contemporánea», *Arizona Journal of Spanish Cultural Studies* 7, pp. 197-212.

— (2007): «La realidad in-visible y la espectacularización "(inter)nacionalista" de la movida madrileña: el caso de la fotografía», en *Desacuerdos 4: sobre arte, políticas y esfera pública en el Estado español*, [San Sebastián]: Arteleku, <http://www.desacuerdos.org>.

NAVAJAS, Santiago (2005): «*El cielo gira*, un lujo del cine español», *Fin de Semana. Libertad Digital suplementos*, 15 de julio, <http://findesemana.libertaddigital.com/el-cielo-gira-un-lujo-del-cine-espanol-1276230470.html>.

ORTEGA Y GASSET, José (1998): *España invertebrada: bosquejo de algunos pensamientos históricos*, Madrid: Revista de Occidente en Alianza Editorial.

PRADO, Benjamín (2002): «Hay un muerto en el jardín», *El País*, 22 de agosto.

PASTOR, Mara (s/f): «"Unidos por la muerte": herencia y espectros en la poética de Leopoldo María Panero», trabajo inédito.

PÉREZ PERUCHA, Julio (1997): *Antología crítica del cine español (1906-1995): Flor en la sombra*, Madrid: Cátedra.

PREGO, Victoria (1995): *Así se hizo la transición*, Barcelona: Plaza & Janés.

POPE, Randolph D. (2003): «Miguel Delibes y el genio de una realidad imaginada», *Siglo XXI. Literatura y Cultura Españolas* 1, noviembre, pp. 203-213.

RANCIÈRE, Jacques (2006): *Política, policía, democracia*, Santiago de Chile: LOM.

RESINA, Joan Ramon (2000): *Disremembering the Dictatorship: The Politics of Memory in the Spanish Transition to Democracy*, Amsterdan: Rodopi.

— (2003): «The Concept of After-Image and the Scopic Apprehension of the City», en Joan Ramon Resina y Dieter Ingenschay (eds.), *After-Image of the City*, Ithaca: Cornell University Press.

— (ed.) (2008a): *Burning Darkness. A Half Century of Spanish Cinema*, Albany: State University of New York.

— (2008b): «The Construction of Cinematic Image. *En construcción* (José Luis Guerín, 2000)», en *Burning Darkness. A Half Century of Spanish Cinema*, Albany: State University of New York Press, pp. 255-276.

— y Dieter INGENSCHAY (eds.) (2003): *After-Image of the City*, Ithaca: Cornell University Press.

RICHARD, Nelly y Alberto MOREIRAS (eds.) (2001): *Pensar en/la posdictadura*, Santiago de Chile: Cuarto Propio.

RICŒUR, Paul (1980): «Narrative Time», *Critical Inquiry* 7, 1 (On Narrative), otoño, pp. 169-190.
SÁNCHEZ VIDAL, Agustín (1982): *Luis Buñuel. Obra literaria,* Zaragoza: Heraldo de Aragón.
— (1984): *Luis Buñuel. Obra cinematográfica*, Madrid: J. C.
— (1991): *Luis Buñuel*, Madrid: Cátedra.
— (1993): *El mundo de Luis Buñuel*, Zaragoza: Caja de Ahorros de la Inmaculada.
— (1999): «A Cultural Background to the *Discreet Charm of the Bourgeoisie*», en Marsha Kinder (ed.), *Luis Buñuel's «The Discreet Charm of the Bourgeoisie»*, Cambridge: Cambridge University Press, pp. 60-80.
SANTORO, Patricia (1994): «The Cinematic Adaptation: The Case of *Los santos inocentes*», en John D. Simons (ed.), *Literature and Film in the Historical Dimension*, Gainesville: University Press of Florida, pp. 173-181.
— (1996): *Novel into Film: The Case of «La familia de Pascual Duarte» and «Los santos inocentes»*, Newark (DE)/London: University of Delaware Press.
SARTORI, Beatriz (s/f): «Todos somos malas personas», *El Mundo*, especial sobre Álex de la Iglesia, «Un vecino ejemplar», <http://www.elmundo.es/sociedad/delaiglesia/goya/malas.html>.
SCHMITT, Carl (1985): *Political Theology. Four Chapters on the Concept of Sovereignty*, Chicago: University of Chicago Press.
SILVA, Emilio y Santiago MACÍAS (2003): *Las fosas de Franco. Los republicanos que el dictador dejó en sus cunetas*, Madrid: Temas de Hoy.
SOBEJANO, Gonzalo (2003): «El lugar de Miguel Delibes en la narrativa de su tiempo», *Siglo XXI. Literatura y Cultura Españolas* 1, noviembre, pp. 175-187.
SUBIRATS, Eduardo (1993): *Después de la lluvia*, Madrid: Temas de Hoy.
— (1995): *España, miradas fin de siglo*, Madrid: Akal.
— (2002): *Intransiciones. Crítica de la cultura española*, Madrid: Biblioteca Nueva.
SULEIMAN, Susan (1978): «Freedom and Necessity: Narrative Structure in *The Phantom of Liberty*», *Quarterly Review of Film Studies* 3, 3, verano, pp. 277-295.
THOMPSON, Kristin (2004): «The Concept of Cinematic Excess», en Leo Braudy y Marshall Cohen (eds.), *Film Theory and Criticism*, Oxford: Oxford University Press, pp. 513-524.
TOBIAS, James (1999): «Buñuel's Net Work: The Detour Trilogy», en Marsha Kinder (ed.), *Luis Buñuel's «The Discreet Charm of the Bourgeoisie»*, Cambridge: Cambridge University Press, pp. 141-175.

TRANCHE, Rafael R. y Vicente SÁNCHEZ BIOSCA (2005): *NO-DO. El tiempo y la memoria*, Madrid: Cátedra.

VILARÓS, Teresa M. (1998): *El mono del desencanto. Una crítica cultural de la transición española (1975-1993)*, Madrid: Siglo XXI.

VILLANUEVA, Darío (2003): «Seis claves para Delibes», *Siglo XXI. Literatura y Cultura Españolas* 1, noviembre, pp. 151-173.

VIZCAÍNO MARTÍNEZ, Juan Carlos (2008): «La vieja memoria reeditada: *Queridísimos verdugos* y *El desencanto*», *Quaderns de Cine* 2, pp. 75-81, <http://rua.ua.es/dspace/bitstream/10045/11395/1/Quaderns_Cine_N2_09.pdf>.

WILLIAMS, Linda (1981): *Figures of Desire: A Theory and Analysis of Surrealist Film*, Urbana: University of Illinois Press.

WU, Harmony H. (1999): «Unraveling Entanglements of Sex, Narrative, Sound, and Gender: The Discreet Charm of *Belle de jour*», en Marsha Kinder (ed.), *Luis Buñuel's «The Discreet Charm of the Bourgeoisie»*, Cambridge: Cambridge University Press, pp. 111-140.

ŽIŽEK, Slavoj (1991): *Looking Awry. An Introduction to Jacques Lacan through Popular Culture*, Cambridge: The MIT Press.